共享地球第三极

天上西藏　藏源山南

西藏山南市旅游发展委员会　编

西藏人民出版社

图书在版编目（CIP）数据

天上西藏　藏源山南 / 西藏山南市旅游发展委员会编．
-- 拉萨 : 西藏人民出版社，2018.6
ISBN 978-7-223-05771-4

Ⅰ．①天… Ⅱ．①西… Ⅲ．①旅游指南－山南地区
Ⅳ．①K928.975.2

中国版本图书馆 CIP 数据核字（2017）第 321794 号

天上西藏　藏源山南

编　　者　西藏山南市旅游发展委员会
责任编辑　曾　恒
装帧设计　郝　旭
出　　版　西藏人民出版社（拉萨市林廓北路 20 号）
　　　　　　邮政编码：850000
印　　刷　北京华联印刷有限公司
经　　销　全国新华书店
开　　本　16 开（710×1 000）
印　　张　9
印　　数　00001-10000 册
版　　次　2018 年 6 月第 1 版第 1 次印刷
标准书号　ISBN 978-7-223-05771-4
定　　价　38.00 元

概况SURVEY

THE SOURCE OF TIBET SNOWLAND HERE, SHANNAN

天上西藏·藏源山南

山南史称雅砻，位于冈底斯山至念青唐古拉山以南，雅鲁藏布江中下游，北靠拉萨，东连林芝，西接日喀则，南与印度、不丹两国接壤，距拉萨150多公里，与拉萨、日喀则、林芝构成西藏旅游雅江观光带的核心区。总面积7.97万平方公里，人口约35万，市政府所在地泽当镇海拔3500多米，西藏最大的国际航空港——拉萨贡嘎机场就位于山南的雅江边上。山南是“藏民族之宗、藏文化之源”，得天独厚的自然人文景观令人神往。这里有神奇独特的雅砻民俗，风景如画的雅江腹地，神秘壮丽的拉姆拉措，风光旖旎的羊卓雍措，俏丽秀美的勒布沟。神山圣湖、雪山冰川、峡谷河谷、草原森林……山南具有丰富多样的自然旅游资源，而且山南的藏源文化和雅砻民俗等厚重的历史文化底蕴在雪域高原独具特色。

目录 CONTENTS

THE SOURCE OF TIBET SNOWLAND HERE, SHANNAN

天上西藏·藏源山南

壮阔峡谷

千古寺庙

藏式体验

文化遗存

雪域圣水

旅游服务设施及线路推荐

天上西藏·藏源山南
THE SOURCE OF TIBET SNOWLAND HERE, SHANNAN

壮阔峡谷

云蒸雾霭、瀑布飞悬、山水空蒙的壮阔峡谷造就了山南的秀美和灵动。

扎日景区

荒野求生　未知探索
——迷失野狼谷

原始森林　曾经野狼遍山　莲花生大师降狼护山　野性魅力

布满泥泞的山间小路，通向那片未知的野狼谷

“越野越**魅力**
我是**野狼谷**”

虽然同在错那县，县内各景区的风采也各有不同。勒布沟是温婉清秀的小桥流水，森木扎则是古树参天、生机盎然的茂密森林。

而勒布沟的大山深处还隐藏着另一片狂野之地——野狼谷。

野狼谷在一片生机勃勃的山谷之中，这里没有外界的打扰和约束，肆意洒脱、随性逍遥，彰显了野狼谷野性的魅力！

迷失在遥远的侏罗纪时代

通向野狼谷的是一条条幽静的山间小路。缓缓走上那些布满了青苔的台阶，湿润的泥土和路两旁的参天古树成为了走进山谷的序幕。

盘绕在古树上的藤萝是古树的最佳点缀。那些细碎的绒毛状的植物展现了不曾停歇的旺盛生命力。

这里的胡杨林，如同在戈壁滩一样，也是一种顽强意志的象征，倒而不腐。

野狼谷深处溪水潺潺

松林装点出的“层林尽染”

横卧在两块巨石之上的参天古树，盘根错节的巨大树根虽然裸露在地面上，仍鲜活地继续生长，滋养着倒卧的树干，续写生命的传奇。那庞大粗壮的身躯如同一名老者，呵护着新的生命。

路上，随处可见的巨型蕨类植物如伞状盛开，让人仿佛置身于史前的密林之中，迷失在遥远的恐龙时代。

一路拾级而上，穿越在森林之中的山野小径，除了目之所及的野性魅力，还有时隐时现的经文出现在崖壁之上。这些经文或许是六字真言，抑或是莲花生大师来此降狼护山的某种“秘符”，为旅途增加了更多的神秘感和仪式感。

走走停停之间，乍然而现的巨型山洞以霸气之势横亘在路上，高悬的崖壁有着强烈的压迫感，仿佛那突出的巨型岩石会随时崩坍。洞中飘出湿润清凉的空气，让这原本并不深邃的山洞有了一种奇妙的意境。清新凛冽的空气完全不同于山谷中的湿润空气，似乎这看似普通的洞中有着神奇的自然调节系统。

可能是山体相通，看似没有其他出口的洞中，却流出汩汩的清泉，喝上一口，那种直抵心脾的清冽似贯穿全身，让人不自觉地打了个激灵。而从崖壁上滚滚滴下的山泉水也让人们走出山洞时醍醐灌顶。

走出山洞，旁边的小屋不知是供旅人休息还是曾经用来供奉的小殿，让这片纯自然的山谷有了人的痕迹。站在小屋旁，俯瞰这苍松翠柏中隐藏着的田园风光，完全呈现出了另一种风光。

走下土路，循着耳中滔滔不绝的水声，在瀑布水流的岸边逍遥小憩，更是别有一番感觉。

看过了巨型狼洞和瀑布流水，原想继续前行寻找下山的通路，却发现道路在此时中断，只得按照原路下了山。或许路的尽头有着更广阔的一番景色，等待有缘人的到来。

贴士

| 交通路线 | 从勒布沟所在的麻玛乡往北，沿山路大约行进 30 分钟即到。

| 住宿推荐 | 野狼谷地处勒布沟景区，参观完景区可以直接回到勒布沟住宿就餐。

服务

| 名称 | 野狼谷原始森林

| 门票 | 暂无门票

遒劲触苍穹　野性森木扎
——森木扎原始森林

森木扎　原始森林　野性呼唤

原始森林一片勃勃生机

离开勒布沟的逍遥乡后，我们翻山越岭来到一片神秘之地，这里没有云雾之间的“缠绵悱恻”，只有遒劲参天的古树和缠绕其间的狂野藤蔓，这里就是具有野性魅力的原始森林——森木扎。

奔向不可知的一段旅程

从勒布沟的云雾缭绕之间一路向南，就能有缘得见那片未知的野性世界。顺着奔腾的娘江河一路前行，日出之后的勒布沟掩去了犹抱琵琶半遮面的羞涩，忽而现出翠绿的江水和汹涌的波涛，有了极为亲切的真实感。

穿行在沟谷的山路之上，一侧是逼仄的山体，另一侧是奔腾不息的江水，狭窄的山路和巨大的水声，莫名让人升起一种惶惶然的紧迫感。途中，偶然邂逅的岗亭瀑布，以霸气的水势肆意喷薄。

山水转换之间，忽然出现一片碧绿茶园！很难想象在西藏的这处隐秘的山谷之中竟然生长着一片郁郁葱葱的茶园，也许是这里的百姓天天都离不开酥油茶，才让这片茶园在遥远的西藏找到自在的逍遥之所吧！

野性的呼唤

一路都是顺畅的柏油路，在快要接近森木扎的时候突然变成崎岖狭窄

五彩经幡环绕之下的观景台，瀑布飞流直下

捕捉最灵动的瞬间

一条窄窄的小路不知通向怎样的风景

的土路，颠簸在所难免。一路尘沙飞扬后，我们终于得见森木扎的真容。

尽管身在沟谷，但是森木扎仍以较高的姿态迎接世人。极目所至都是参天的古木，遮天蔽日。

走进这片原始森林，一树一木都在朦胧的光线里若隐若现，森木扎收敛了自己的霸气，展现出他隐藏起来的温柔。

慢慢行走其间，随处可见小簇的霍麻草（音译）。这种草只有当地人能辨别出来，因为质地柔韧，霍麻草的草茎是编织麻袋的天然原材料。

森林中，非常有风骨的青冈木成片成林，这是一种主要分布在欧洲国家的树种，树干风干后硬如金钢，可以做地板。

逐渐向上攀爬，森扎木将原始森林野性的一面毫无保留地展现了出来。森林里，古树盘根错节，树藤与古树相互缠绕，依偎一起，形成了一片缠缠绵绵的藤萝网。细碎的蕨类草叶依附于古树和藤萝之上，看起来像特别的暗绿色绒衣。偶遇的小松鼠顺藤攀爬筑窝，给浓绿之中增加了一抹灵动的生命力。

倒塌的巨树与依旧挺立的古树长久相伴，穿梭其中的还有几片扎眼的翠竹林。

顺势向上，居然看到了树根从地

森木扎最原始、最野性、最本真的自然之美

岩石上的六字真言

面拔地而起和大树紧紧缠绕在一起的奇景，竟然攀爬到了 10 米。

沿途依次可见吉祥八宝石、蛇形石、门神石等景观，半山腰处还有一座纪念莲花生大师的小屋。虽历经千百年的岁月洗礼，小屋仍留存于此。小屋的门上挂着永远都不会锁上的门锁，给朝圣的人们提供了绝佳的休息地点，包容着天下来此拜谒的有缘人。小屋旁边搭建的水管中常年流淌自山上流下的山泉，尝上一口，清甜无比。

行至山上最高处的观景台，可以看到高山上的清泉变成了一面壮阔的瀑布，宏大的水势在五彩经幡的映衬下有着别样的韵味。

只有勇敢者才能冲过层层水雾，享受从瀑布崖壁下穿行的刺激和快感，更能为自己带来好运。如果有缘还能在日光之下一睹瀑布彩虹的壮美风采。

站在观景台可以看到前方一片毫无杂色的翠绿草甸，那是门巴族的古老牧场，是森木扎原始野性背后的另一面魅力所在。

贴士

| 交通路线 | 从勒布沟所在的麻玛乡往南行驶 50 公里可到达森木扎原始森林。

| 必带物品 | 从勒布沟所在的麻玛乡通往森木扎会途经边防检查站，必须随身携带边防证。

| 注意事项 | 虽然是原始森林，但景区开发较成熟，上下山都有石阶路，不用担心路途较难攀爬。

| 当地习俗禁忌 | 森木扎要从景区北面上山，再从山的南面下山，不能按原路返回。

| 住宿推荐 | 森木扎原始森林脚下有一家“爱情桥”旅店，可以在此休息。

服务

| 名称 | 森木扎原始森林

| 门票 | 暂无门票

在“云中勒布”做一名逍遥客
——勒布沟

看云卷云舒　聚散变幻　放空自己 放下一切

云海背后的勒布沟

长时间穿行于藏族地区的高海拔地带，缺氧是每一个初到西藏的人必须征服的“心理高峰”。但是当我们已经适应了这片孤傲之地的苍凉和壮阔之后，来到了勒布沟，那宛如仙境般的景色竟让人开始担心会不会醉氧。

“**宛如仙境**般的景色让我**开始担心**会不会**醉氧**”

开启我的羽化成仙之路

沿着曲折的公路蜿蜒前行，烟雨蒙蒙的天气如影随形，似乎早已给这场未知的邂逅定下了浪漫的基调。当我们越过高山、草原，翻越过波拉山口时，云蒸雾蔼的景象豁然出现在眼前，山中的云雾与雨水，遮盖了目之所及的一切。慢慢靠近，才发现那是清新湿润的山中云雾，我们身处其中，只觉那云雾似乎触手可及。

尽管睁大着双眼，我们仍只能看清面前极短的一段路。头顶阴雨绵绵，脚下是云海深处的那一抹浓绿。山中静得听不到任何杂音，只有淅沥沥的

娘江河肆意流淌

日出后的勒布沟

雨声。伸出手去，可以真实感受到云、雾和细雨带给我们的微妙触感，像来自母亲的温柔触摸。

我们沿着山路慢慢往下走，渐渐能看到隐藏在苍翠之中的一小片房屋，在大山中，燃着炊烟袅袅，毫不吝惜地展现在每一个有缘得见此景的人面前。

我们一路慢慢悠悠地“云海漫步”，从海拔 5100 多米的山顶来到山脚，真的有些“担心”——会不会醉氧啊！

睁开双眼　置身仙境

飘然而下的“成仙之旅”至此到达了终点，我们站在山脚下陶醉地深呼吸。眼前的一片苍翠之中，云海如有生命般自如地穿行流动，忽高忽低，若隐若现，成为了勒布沟中最灵动的所在。

勒布沟的世界没有任何嘈杂的吵闹声和喧哗声，只有娘江河日夜奔腾前行时带来的风声。江边忽而飘过几声鸟鸣，也只闻其声而不见其踪影。

整个勒布沟犹如一条狭长的绿色丝带，静卧于群山之间。门巴族的百姓们世世代代生活在这里，守护着她的静与美。

这里气候适宜，四季如春，春天沟谷是杜鹃花的海洋，夏季则是满眼的翠绿。到了秋天，各色树叶给山谷带来了别样的风情，而冬季的沟谷也不甘寂寞，久居于此的各种动物仍穿行于丛林之中，不被外界打扰。

这片莲花生大师曾经清修的灵秀之所，直至今日仍生活着门巴族先民的后裔。虽然放弃了曾经的打猎和竹编生活，他们依旧与这片精神家园相生相伴，舒适惬意地生活在苍松翠柏隐藏下的家园中。

随着整座山谷从青翠转变成一抹墨色，勒布沟之行于我们恍如一场梦境，惬意自在。我们身处在这云海之中，所有的云雾、苍松、翠柏以及奔腾的娘江河和山谷的细雨，都让人产生时间静止的错觉，仿佛我们可以一直如梦似幻般地徜徉在沟谷之中……

贴士

| 交通路线 | 从泽当走 S202 省道通往错那县，到达县城后，走 Z808 公路下到勒布沟沟底。

| 周边食宿推荐 | 在勒布沟，正在建设大大小小的农家乐，住宿餐饮的选择很多。现有的“龙宫宴农家乐”是最近开张的，且住宿条件比较好。吃饭可以选择到龙宫宴斜对面的“如意饭店”，那里提供比较不错的川菜，同时饭店二层也可以提供较好的住宿。

| 建议携带物品 | 勒布沟平均海拔很低，温度较低，空气湿冷，即使是夏季来此避暑也要携带厚的衣服。

服务

| 名称 | 勒布沟景区

| 门票 | 暂无门票

绝壁神游·靠近天的顶端
——岗布沟

乱石密布　绝壁丛生　宁金抗沙峰　巍峨雪山　蔚蓝岗布湖

海拔 7000 米的宁金抗沙峰

越来越多的人喜欢逃离城市，寻找原始刺激的体验，或登山，或攀岩，或攀冰，或漂流，或滑雪，这其中的新奇与畅快只有自己最能体会。

当我意外邂逅那看似貌不惊人的岗布沟时，忽然就体会到了那种逃离城市寻求内心的源动力，那一瞬间我内心迸发的坚韧和顽强都是这片深谷绝境无私赋予给我的。

游走乱石·邂逅一片世外桃源

岗布沟距浪卡子县 21 公里，我们只能驱车前往。短暂的驰骋之后，坦途戛然而止，我们驶入了一条乱石丛生的小路，路旁有一条小溪，穿过野草，肆意流淌。

经过一小段摇晃颠簸的路程，我们终于到达了目的地。走出车子，双脚落地的那一瞬间，视线才从恍惚中归位。

沿着林中的小路拾级而上，轰隆的瀑布水声将我们引到绿野遍布的峭立悬崖之上。层叠错落的水势奔腾而下，一往无前，洁白的水幕恣意飞泻，赋予了山谷的灵动空蒙。

山青水绿的山谷之中，流水淙淙，从高处远观，瀑布气势恢宏，水花四溅，水雾飘散在空气中，充斥着自然清新的味道，唤醒了我们

沉静·祈祷

巍峨的宁金抗沙峰在阳光之中乍现

久居城市的麻木的感官。

瀑布下是经水流滋养的一片灵秀之地，相传莲花生大师曾经在此修炼佛法，让这里的山水生灵也获得了佛法的庇佑。骤然降下却忽又停歇的阵雨更增加了山谷的空蒙。

岩壁之下泉眼众多，曾经是修行圣地，如今仍旧可以亲口接到岩上滴落的山泉水，入口甘甜。

水帘背后的崖壁表面，也颇为神奇。虽然用肉眼无法看出，但是用手机拍照取景时，居然能够从崖壁上看出天然形成的莲花生大师的佛像，令人啧啧称奇。

绝壁攀爬·找到最初的勇敢

如果前面的旅途可以用刺激来形容的话，那么从修行地的绝壁之上攀着破旧的绳索前行就是一场绝壁玩命之旅。

攀登绳索时，双脚一定要保持平衡，依靠鞋底的摩擦力，双手同时奋力向上使出全身力气用手扒住突出的岩石表面，才能完成这艰难的绝壁之旅。攀援的每一步都凝聚着自己全身的力气和勇气，我们不时停下来艰难地大口喘着气，喉咙中充斥着剧烈呼吸带来的刺痛感。

在刀劈斧砍般的巨石悬崖之上，错一步就会葬身万丈深渊，我们却在疲惫喘息之时仍不忘环顾苍穹之下的壮阔天地，若无地势的惊险奇绝，就没有那“步步惊心”的超级体验。面前的巨石仿佛从天而降，不知这高耸的崖壁之上如何孕育出这片无尽头的嶙峋巨石。

我们一路艰难攀援，或俯身跃下，或小心挪移，偶然间的抬头赏景已成了奢侈的片刻小憩。

当我们渐渐适应了这趟玩命的旅程时，视野中忽然出现一片蔚蓝壮阔如幻象般的景色。一路阴云密布，此刻却忽然天光大亮，阳光毫无保留地洒向湖面，寂静的岗布湖在温暖的光线中晶莹剔透，让人不敢大声说话，怕打扰这片置身世外的宁静。

湖岸的那头，宁金抗沙峰的融雪从高耸的山顶一直延伸至湖边。温暖的阳光让一直隐藏在厚重云层之中的雪山乍然现身，直插云霄的峰顶以巍峨的身躯屹立于我们面前，阳光照射下的圣洁山峰映在湖面之上，幻化出一片雪域苍穹。

这一刻，静默地伫立仰望雪山的气象万千，我们不停赞叹大自然的鬼斧神工，赞叹这片神奇的土地和这片圣洁的天空给我们带来了绝壁险途后最完美的回馈。虽然还要按原路返回，但此时我们的内心已经超然物外，准备开启绝壁之上的又一次归途旅程……

贴士

| 安全注意事项 | 岗布沟虽然景色宜人，但还尚未开发，未来将打造成为景区，现在路途艰险，适宜有丰富的野外探险经验的人和专业登山人员，普通游客请慎重考虑。

| 建议携带物品 | 轻薄透气的野外登山装备，配备专业的登山运动鞋，携带登山水壶和登山手套。

| 路线推荐 | 从浪卡子县城往西通往江孜方向 15 公里处到达。

服务

| 名称 | 岗布沟

| 门票 | 暂无门票

行走·感悟云巅的朝圣
——扎日神山

扎日神山　十二年一次　猴年转山　扎日神仙洞　仙境神山

高山之巅·云海之中

十二年一次的行走，十二年一次的朝圣，十二年的心路历程，都只为迎接下一个十二年后的相遇。

每逢十二年一个轮回的猴年，无数虔诚的信徒都会从藏族地区四面八方走向心中的信仰圣地——扎日神山，完成十二年一次的猴年朝圣。

扎日神山，位于山南隆子县东南部，是西藏三大神山之一，在藏族人心目中与冈仁波齐、梅里雪山齐名。

相传马年转冈仁波齐神山、羊年转纳木措圣湖、猴年转扎日神山的传统已经流传了800年。

又相传扎日神山是胜乐金刚在世界的二十四道场之一，许多大德高僧都曾在此修行。

扎日神山地形复杂，气候多变，徒步其间，可以真切体会"一天有四季，十里不同天"的神奇景观。

扎日神山草木葱茏、云雾缭绕。每到猴年，信念执着的朝圣者都会穿行山间，共赴神山完成自己和信仰的约定。

前行·穿行云端的净化

虽无缘在猴年转扎日神山，但是有机会前往神山一睹其真容，于我们而言，也算此生有幸。

我们驱车穿行在略显荒凉的群山之中，心中兴奋又忐忑，不知通向扎

闯入自然·踏进逍遥

云海绿松·遒劲参天

日的旅途会经历些什么。

一路颠簸过后，我们翻越5000多米的恰拉山，沿途满是连绵的绿植，耳畔响起轰鸣的水声，奔腾的长河于群山间流淌。山谷中湿润的泥土散发着自然的清香，我们循着这自然的气息一路前行，山野的绿色大幕缓缓拉开，逐渐显现出植被的狂野和茂盛。

枝杈伸展的山野小路两旁绿植漫天，狂野生长，松林如卫兵拱卫着山谷，遮天蔽日。脆弱的松萝悬挂飘浮在松林之间，连绵不绝，尽显灵动的生机。

在松林的缝隙间，一抹如茵的草场飘然现身，浓密的草甸在群山环绕中尽情伸展，无拘无束。

忽而间水声轰鸣入耳，颠簸之间一面瀑布映入眼帘。我们静立在桥面之上，闭目倾听，此刻瀑布的奔腾喧嚣仿佛成了世界唯一的声响，让人心无旁骛。

永不畏惧地行走·朝圣

穿过葱茏林海，走进缥缈的云雾之中，我们终于来到了扎日山谷。

打开车门的那一刻，潮湿的空气将我们全身都滋润浸透，漫山遍野的绿色植物在潮湿的水汽中散发着清新的气息。

漫步于谷中的乡野小路上，可以看到耕牛漫步，炊烟袅袅，耳边传来阵阵狗吠，眼前呈现出一派田园风情。黄昏的群山，由浓绿变为青黛，高大浓密的松林在云雾之中呈现出美妙的剪影。

在山谷之中穿行而上，我们时不时驻足回望来时的山谷，那片和谐安宁似乎从未被打扰。

在短暂的停歇中，传说中的扎日神仙洞——莲花生大师修行洞赫然入目。我们在洞口进行短暂的参拜之后佩戴上照明工具，进入了那一方神秘天地。

探险般走在极为潮湿泥泞的洞穴之中，只见哈达高悬，各种形状的神石保持着跪拜、祈祷的虔诚姿势。

在幽暗的洞中，经过奋力攀登，我们穿过狭小逼仄的天然溶洞，到达洞底，亲口品尝了溶洞中天然滴落的圣水，沁人心脾的清凉直抵内心。

这看似短暂的神仙洞之行，给了每一位有缘到此的人一次短暂的“救赎之旅”，没有经历过洞中的种种神秘和艰险，很难在钻出洞口的一瞬间体会生命的意义。

生命之中，既有一路风光坦途，也有赋予每个人的困难与艰险，用心感悟才不负今生。

“十二年一次的**行走**，十二年一次的**朝圣**，十二年的**心路历程**，都只为迎接下一个**十二年后的**相遇”

云·缥缈

贴士

| 路线推荐 | 从隆子县城往东行驶 220 公里，路况较差，行驶 7、8 个小时可以到达扎日乡；从扎日乡往南行驶大约 20 分钟到达扎日神仙洞。

| 安全注意事项 | 在神仙洞中攀爬需要携带头灯照明，减少随身携带物品，轻装出行。

| 随身携带物品 | 必须携带边防证、雨具和换洗的衣物。

| 最佳旅游时节 | 扎日的气候四季如春，每到猴年来扎日转山是非常值得尝试的，也可以在每月藏历的八、十、十五、三十日来朝圣神仙洞。

| 宗教禁忌 | 神仙洞所有的路线都要从左往右行走，绕神石也要从左往右。

| 旅游产品推荐 | 在扎日山中可以购买扎日竹编、扎日藤手镯、扎日藏香、藏白酒等。

服务

| 名称 | 扎日风景区

| 地址 | 山南隆子县扎日乡

| 门票 | 暂无门票

自由奔腾　回归一泓青潭
——达沽峡谷

瀑布　山水　自然之美　鸟鸣　青葱

拾阶而上，有水相伴

“没有人能够抵挡**自然的美，**因为人类对一切的美都无法抗拒”

没有人能够抵挡自然的美，因为人类对一切的美都无法抗拒。达沽峡谷就是这样一个美得让人无法抗拒的地方。

在这里，水的奔腾、咆哮、义无反顾让这一片高山峡谷有了自己的灵魂，而树的静与水的“歇斯底里”则让这片峡谷迸发出勃勃生机。

“一泻千里”的精神小世界

达沽峡谷细窄狭长，静卧在林野山间，很难窥其全貌。从峡谷的高处直泻而下的瀑布，水声轰鸣，气势磅礴，带给人一种紧迫感。

披荆斩棘的快乐“逃亡”

我们这一群在城市中麻木生活的人，从都市逃离后，来到这峡谷就像入水的鱼，贪婪地呼吸着峡谷中的新鲜空气。

之后，我们义无反顾地逆流而上，找寻峡谷中更深的自然之感。

群山环抱中的自然之美

偶遇愤怒的猴子，向过往的路人索要吃的

上山的石阶连着一段土路，沿途的绿植簇拥着这条唯一的通道，我们只能拨开环绕在眼前的藤蔓枝桠才能继续前行。

山谷中寂静无声，行走其间，谷外的一切喧嚣都被阻隔在外面，只有逆流而上的轰鸣水声和偶尔飘过的几声鸟鸣，带给人一种超脱世外的心静。

当我们到达山顶，那一瞬间真正体会到了自然纯净和本真。我们置身于这满眼绿意的峡谷之中，自然地坐在石阶之上，深呼吸再闭上眼睛，吐纳之间仿佛在峡谷里“重活”了一回。

之后，我们原路返回山下，沿途水流奔腾，流至瀑布下的一汪深潭中。

当我们畅快地欣赏这美景时，不知道从哪儿跑出来的一只猴子狠狠地打了我的腿，呲着牙管我要吃的。我还没反应过来，这“天降神猴”又追着其他过路的人一路小跑地要吃的。这逗趣的一幕让这诗一样的峡谷旅程多了几分戏谑的味道。

贴士

| 交通路线 | 从桑日县城出发往加查县方向行驶 41 公里。

服务

| 名称 | 达沽风景区

| 地址 | 距桑日县城 41 公里。

千古寺庙

从第一座佛殿昌珠寺到第一座佛法僧俱全的桑耶寺，再到环绕于群山之中的修行圣地青朴，千百年来的梵音缭绕，万人朝圣，铸就了山南无与伦比的藏传佛教之源的至尊地位。

青朴修行地

山洞中的一抹神秘微笑
——青朴

在青朴修行地的洞中体会自己对人生和佛法的感悟

千灯室中的酥油灯

背靠直龙山，面对滚滚雅江，坐落于两边的高山之间，这样隐于青山翠柏间的青朴，就是无数修行者心目中的佛法胜境。

沿着蜿蜒的小路上行，路途平坦易行，远望青山的更高处，大山腹地的辽阔和包容让人忘却疲惫，却也心生敬畏。

在最高处的山顶矗立着扎玛格仓寺，这里曾经是莲花生大师修行了3年3月又3天参悟佛法的圣地。经过了几年的悟法，大师三步就跨下山，留下了三个传奇的脚印。至今在青朴的山脚下还能看到一个两米见方的围栏，围栏里虽然无法看出脚印的全貌，但是其中生长着一种别处未曾见过的黄色野花，也算是这里的神奇之处。

一山一寺成就了青朴最初的含义，在信徒心目中，在青朴虔诚诵经一遍，便相当于外面诵经千遍，更增加了青朴在人们心中至高无上的地位。

那片山顶曾经让莲花生大师有所顿悟，而半山腰的安孜拉康则是在此修行的尼姑们的精神归宿。

安孜拉康曾经是赞普赤松德赞的父亲赤德祖赞的公馆和经堂。噶厦政府时期，僧众们被要求上山修行，山上的尼姑们便来到了现在的安孜拉康，找到了永久的归宿。

安孜拉康殿中有着精美的壁画、坛城、佛像以及安放在柜案之上的15米长、20米高的莲花生大师巨幅唐卡。殿中的一切仿佛都在安静地向过往的人们诉说着这里的历史，诉说着“圣地青朴”的一切。

鹿和法轮沐浴在阳光之下

庄严肃静的安孜拉康大殿

信众们每日虔诚地供奉和祈祷

大殿柱子上精美的护法神彩绘

在青朴长久修行的大德高僧

游走在青朴的信徒众多，每个人都在自己朝圣的轨迹中默默前行，没有丝毫的混乱和无序。

不经意回眸间，一个尼姑正在为酥油灯添着酥油，那长灯古佛前的日复一日是对佛法也是对自身最好的参悟。

慢慢走出安孜拉康，我们有缘得见莲花生大师的第一个修行洞，幽暗之中的长鸣灯飘然兀立，而一旁的千灯室则让佛灯的温暖和光明映照在每个人的脸上和心上，让人忍不住久久伫立。

洞中神秘的微笑

从安孜拉康所在半山腰向高山上仰视，众多小巧的修行屋分散开来，也有依山而开的修行洞散布其间。不论洞还是屋，清修者的生存环境都异常清贫和艰苦，他们大多是依靠家人或是信众的施舍来获得每一顿口粮。但是在这些修行的尼姑看来，这一切都是她们内心深处最向往的修行状态，外人无法参透其中的深意。

来自四川、北京，甚至还有跋山涉水而来的台湾姑娘都汇聚于此，找寻她们心中的佛法。

尽管我们无缘与山中的修行者相见，但我们仍希望她们能在参悟佛法的道路上摒除外界世俗的打扰，清净自在，始终故我。

而出于私心的我则在脑海深处幻想着某个洞中的尼姑能对我们这些来自凡尘世界中的人留下一个神秘的微笑。

贴士

| 交通路线 | 从扎囊县城过扎囊大桥往右行驶 20 多公里即到。

服务

| 名称 | 青朴修行地　　| 门票 | 暂无门票

| 旅游服务推荐 | 在安孜拉康尼姑庙设有简易的藏式餐馆，可以在此进行简单就餐。

融于天地云雾·遥听梵音缥缈
——卡久寺

隐于云雾之中　1300 多年历史　宁玛派　不丹国鸟棕尾红雉

“那一片和谐的世界是如此**真实却又看似虚幻**地呈现眼前”

雾中显现“卡久盛景”

卡久寺位于山南洛扎县拉康镇拉康村，始建于公元 1568 年，是莲花生大师闭关七年之久的修行之地。

卡久寺雄踞于一座山头之上，周围植被茂盛，鸟语花香，山清水秀，既有天然圣湖，又有名贵草药，身处其间让人有种置身于人间天堂的错觉。

逍遥成仙·腾云驾雾

苍茫连绵的群山，刀劈斧砍、壁立千仞的苍凉面孔塑造出洛扎山脉的群相。在洛扎绵绵无绝期的荒野之路上，途经的拉康小镇给了疲惫旅人最好的慰藉和补给。

小巧精致的镇子，阡陌交通的小路，迎来送往接送孩子的父母们，孩子们稚嫩纯真的脸庞……那是荒山中的袅袅炊烟，勃勃生机，慰藉旅人的内心。

在天色仍旧墨黑的早上，我们呼吸着黎明前浓厚的清新空气沿山而上，借助车灯和手电筒的有限光亮才发现自己居然真的穿行在缥缈的云海之中。

回望身后的世界，刚劈开的浓雾又将身后的一切缓慢包裹，似乎是想隐藏掉山峦的陡峭艰险。

我们行走在漆黑的山野间，仿佛驾着云海在闪转腾挪间就抵达山巅，期待着“卡久日出”的盛况。

一排排新式的风力转经筒随风转动

山巅之上，耕牛漫步

庄严·神圣·色彩

山巅遥想·云海缥缈

登上山顶后，天光渐渐显现。视野之中的卡久寺如长久归隐山中的尊者等待每天的朝升夕落。

天光乍现的一刻，远处的雪山如盛大洁白的帷幕赫然拉开，让人的目光久久不愿离去。

回过神来，从山下赶来的老人手持着转经筒对我们报以和蔼友好的微笑，然后开始了每天的转寺。我们不自觉地加入到他们寂静无声的朝圣之中，每走一步都能深深呼吸到山间花草带来的各种味道，非常奇妙。

途中，一只松鼠迅捷地穿行在两旁树林之间，老人们每天的朝圣已经让它们习以为常。静静待在树下的棕褐色鸟儿，在安静地觅食。而不远处的缓坡上，彩色飞鸟隐藏在翠绿花草之间，若不是老人们友好的指引，我们可能就错过了这种色彩艳丽如孔雀的山间精灵。它们连同我们偶遇的棕褐色的飞鸟竟然都是威名赫赫的不丹国鸟——棕尾红雉。雌鸟身披棕色羽毛，而雄鸟则需要艳丽的外衣来吸引雌鸟的注意，多么奇妙的山间精灵。

静默地绕寺一周，让我们与这座隐居在云雾之中的千年古寺有了最直接的交流。或许是莲花生大师在此修行了7年7月7天的时间，成就了古寺周围如仙境般的盛景，寺外的世界却又看似略显荒凉。

层峦的浓绿山中不仅有众多莲花生大师的修行洞，更有三个圣湖长久相伴，亦有二十一度母山的镇守拱卫，让卡久寺所在的胜境获得了“第二扎日”的盛誉。

虽然寺庙正在修缮，漫步其间，我们仍旧能从那些原有的砖石木柱上感悟出1300多年的佛教历史，青灯古佛、千古石刻，甚至是莲花生大师的徒弟朗开宁布的脚印都在这点点滴滴中体现着沧桑和岁月。

站在寺院二层的走廊上，遥望云雾中的苍翠群山，这一片山中的盛景在历经千年岁月之后仍旧长久回荡着最悠远的梵音缭绕。

贴士

| 路线推荐 | 从洛扎县城往东南方向行驶100公里，路途崎岖难行，到达拉康镇，在拉康镇往山上行驶8公里到达卡久寺。

| 食宿推荐 | 在拉康镇可以有简易住宿，推荐“卡久宾馆”，它的住宿条件较好，是藏族大姐开设的整洁的小旅馆；有一家简单的“四川饭店”，饭菜实惠，口感不错。

| 周边景点推荐 | 在拉康镇周边可以欣赏杰顿珠宗遗址，返回洛扎县城方向，可以中途在色乡停留，浏览赛卡古托寺和洛卓窝隆寺，在色乡往前20公里可以抵达拉普温泉。

服务

| 名称 | 卡久寺 | 门票 | 暂无门票

桑耶寺跨界混搭　“混”出西藏第一
——桑耶寺

桑耶寺　三样寺　西藏第一座寺院　佛法僧俱全　藏汉印混搭

桑耶寺的建筑形式与佛教“坛城”相似

大多数人想象中的西藏第一座寺院应该是历经岁月千百年洗礼后，如何的陈旧、沧桑和破败。但是当我们站在哈布日神山之上俯瞰那一整片规模宏大的寺院时，我们的印象被完全颠覆了。

桑耶寺作为西藏第一寺的名头不是盖的，简直就是藏族地区的“土豪寺”。

坐拥一大片土地，加之周围的高大院墙，桑耶寺俨然成了一座小王国，不愧是赤松德赞想象中的“宇宙盛景”。

桑耶寺位于扎囊县境内西藏四大神山之一的哈布日山脚下，始建于公元 767 年，是藏传佛教史上第一座“佛、法、僧”三宝俱全的寺院。寺院按照佛经中的大千世界布局，主殿乌孜大殿融合了藏、汉、印三种建筑风格，可称的上是建筑史上的佳作。桑耶寺主殿回廊及配殿均有年代久远的精美壁画，壁画题材广泛，技巧精湛。

“跳大神”也能拥有无数“粉丝”

凑巧的是，我们邂逅桑叶寺那天正好是桑耶寺每年藏历五月十五、十六、十七三天要举办跳神舞的日子。我们不明就里地跟着人群往里走，一下就看到一个巨大白色布幔罩住了乌孜大殿前面的大广场。虽烈日当头，却难掩信众们的“夏日激情”，早就将布幔周围围堵得针扎不进，水泼不透。

除了藏历五月，每年藏历的元

跳神舞中的独舞，火红狰狞的面具非常吸引眼球

喧闹之中的老人

乌孜大殿宏伟的金顶

视野开阔的桑耶寺内的大广场

院中的佛塔在石狮子的拱卫下颇具威严

月十五日桑耶寺也会举办跳神舞的表演，为寺院开光祈福。同时信众们能在仪式中“沐浴”佛法，为自己和家人祈求平安。

这时的乌孜大殿成为了僧众们换装的“后台”，没有表演任务的喇嘛们则跑到大殿二层或三层的阳台上观看表演。帷幔之下，桑耶寺的大德高僧们端坐在大殿对面稍远的位置，负责吹牛角、唢呐，敲击舞钹的僧侣乐师与高僧们端坐在一排。

跳神舞的配乐并不是传统意义上的乐曲，而是乐器配合出的声响，用来为表演者伴奏打节拍并给观者带来一种震撼的听觉冲击。

表演开始前的四十多分钟里，配乐压抑低沉，烘托出开场前的肃静氛围，大德高僧表情凝重，面目表情始终如一。

开场乐声持续了四十多分钟，之后表演的僧众们缓步迈出，身着盛装，佩戴着表情狰狞的面具，时而三两成群，时而单人独舞，时而列队迈步，或跳动着挥动双臂，或在乐师的打击声中快速旋转，在舞蹈和乐声中“驱魔降妖”，祝福苍生。

跨界混搭　开山鼻祖

盛大神舞的盛况也无法阻挡乌孜大殿的霸气之势，一个堪比小王国的桑耶寺，仅仅是主殿的乌孜大殿就占地 6000 平方米。吸引着民众纷纷来此的原因除了这无与伦比的盛大宏伟，更重要的是乌孜大殿的“跨界混搭”，把藏式、汉式和印式三种建筑风格融于一体，成为名副其实的“三样寺”，加之“佛法僧”俱全，桑耶寺自身的高格调成就了自己西藏第一寺院的威名。

桑耶寺底层藏式大殿最独具特色的是建有三个大门（空解脱门、无愿解脱门和无相解脱门）和三条廊道。虽然难解其中的含义，但是亲身穿越这三个大门，好像对自己的前世、今生和来世都有了更深刻的理解，更能在转经回廊里欣赏闻名于世的精美壁画。

而中层的汉式大殿则是传说中法力无边的莲花生大师的主场，不仅供奉着莲花生大师的佛像，壁画中还绘有莲花生大师从出生到来西藏降妖除魔的经历，这些生动的壁画好似是一部完整的“默片电影”展现在眼前。

贴士

| 交通路线 | 泽当客运中心每天都有发往桑耶寺的班车，票价 20 元，或从乃东区泽当镇向西北方向自驾行驶 47 公里。

服务

| 名称 | 桑耶寺　| 门票 | 40 元　| 开放时间 | 9:00—17:30

| 其他收费 | 车辆统一停放在桑耶寺前的车场，每辆 5 元，同时需要车辆登记。　| 住宿推荐 | 桑耶镇有寺庙宾馆及多家家庭旅馆。

从阳光中乍现一缕青葱
——帕竹丹萨梯寺

掩映在青翠之中的一点红 阳光乍现后的别样魅力

喇嘛用和谐的微笑迎接路人和信众

如果没有当地人的指点，可能很难在漫漫山路中将焦点锁定在遍山绿色之中的一点红——帕竹丹萨梯寺。如同金字塔、长城一样，大隐于山中的帕竹丹萨梯寺让初见它的人都惊诧于它的宏大规模。人们很难想象八百多年前的僧人们是如何用他们的双手铸就他们心中的圣地的。

邂逅阳光的神来之笔

一路风驰电掣，当烟尘散去，像上天赐予一般，一条白色公路呈现在我们眼前。那一抹白色蜿蜒通向的便是深深隐卧于高山之中的丹萨梯寺。

沿着陡坡缓缓向上，越往上行，大山带给我们的风景就越让人心醉，漫山除了绿色再无其他。

到了路的尽头，那高山深处的一抹红乍然呈现，可遇不可求的阳光穿过云层，投射到寺院下方芒卡尔拉康金色殿顶之上，金光四射。寺院周围的一抹绿荫因为处在阴影之中更显浓绿。这一暗一亮的绝妙搭配让我们惊讶于大自然的神来之笔。

大山中与历史的神秘碰面

经历过八百多年历史的洗礼，帕竹丹萨梯寺在曾经的土地之上，仍旧安静地守候着大山带给他的沉静和淡然。曾经被毁的大殿，经过重建，一切安静如初，仿佛历史从未在此留下什么痕迹。

静谧的大殿之中，一间不算宽敞的修行屋在没有任何灯光的指引之下悄然呈现在眼前。当手电筒灯光突然亮起，那一瞬间的金碧辉煌让圆形的修行屋中顿时聚拢出难以名状的神秘光亮，寺院和教派的创始大师帕竹·多吉杰布和八位弟子的铜像泰然静坐，绘有丰富画像的壁画在手灯光的游走中时隐时现，整个修行屋都带给人难以名状的神秘之感。

慢慢走出大殿，进入南面的灵塔殿，没有了历史感的牵绊，那一股难以言说的肃穆之感直扑面门。虽然只有两尊佛塔，但是恢弘的气势让我们不自觉闭口噤声。沿着灵塔殿顺时针朝拜一圈，朝拜的路径狭窄逼仄，凉气环绕周身，殿内外温差十分明显，留给人们一些使人遥想的神秘况味。

高低不一的院墙

如天路一般蜿蜒的公路

悬在峭壁之上的芒卡尔拉康

贴士

| 当地习俗禁忌 | 大殿之中的佛像和殿外的灵塔禁止拍照。

| 路线推荐 | 从乃东区出发往桑日县方向，走江北公路行驶 34 公里。

服务

| 名称 | 帕竹丹萨梯寺　　| 门票 | 暂无门票

| 地址 | 山南市桑日县

阳光下一片醉人的心碎
——琼果杰寺

废墟之下见证历史曾经的风云变幻

一片青翠生机上的古寺

琼果杰寺位于山南加查县境内，海拔4350米，由二世达赖喇嘛根敦加措于1509年修建，五世达赖曾加以扩大。琼果杰寺规模宏大，气势不凡，圣迹众多，为朝拜拉姆拉措的必经之处。

阳光下一片醉人的“心碎”

当我们静静站在半山腰，看着光影交错下的琼果杰寺已经坍塌的院墙，那一瞬间，阳光下的断壁残垣仿佛被赋予了新的生命。

曾经拥有4000多平方米的宏伟规模，由二世达赖亲自主持修建，曾经作为达赖喇嘛的第二夏宫，曾经的不可一世，曾经的气象万千，都被岁月的年轮无情地碾压，但是昔日的风云过后，如今颓然屹立的残破城墙铸就了今天的琼果杰寺。

曾经修建这座寺院的造砖工人的名字还清晰地保留在风雨剥蚀过的墙面上，忽明忽暗之间的光影，配合着云影的移动变化，似乎在讲述曾经鲜活的历史。

听唯一“幸存者”的讲述

如今，琼果杰寺唯一一座主殿成了唯一的“幸存者”，向来往的过客讲述曾经的辉煌和荣耀。

琼果杰寺主殿挂着一块不大的匾额，隽秀的藏文书写着对这座寺院的赞美，这些看似晦涩的文字记录着人们对宗教的虔诚信仰。

佛殿之中有第二世至第十三世达赖的讲经宝座；佛殿之外，有美丽的杰美朵汤山，每年七八月份百花盛开，神山就成了藏族百姓心中吉祥天母班丹拉姆头饰山；佛殿之上，半山腰的废墟在阳光下仍旧兀自矗立，远眺班丹拉姆头饰山。

一山、一殿、一废墟、一片艳阳让琼果杰寺在被岁月洗礼过后，仍泰然处之，呈现在来来往往的过客之前。

没有过多的粉饰，琼果杰寺依然故我地“活着”，向世人呈现它曾经盛极一时的荣耀和如今落寞颓败后仍坚守的姿态。

瓦砾之中的坚守

陪伴·坚守

一尘不染的大殿

贴士

| 交通路线 | 从加查县城往北走崔久沟—拉姆拉措一线，过崔久沟，往西北方向继续走即到。
| 住宿推荐 | 出琼果杰寺，可在警务站旁边住宿“琼果杰寺宾馆”，宾馆旁边还有简易餐馆可供用餐。
| 周边景点推荐 | 去往琼果杰寺途中，可以沿途穿越崔久沟，四季景色都有不同；参观完寺院，可沿途继续向前拜谒神湖拉姆拉措。

服务

| 名称 | 琼果杰寺
| 门票 | 暂无门票

纯白塔林世界予世人宁静
——达拉岗布寺

纯白映照下的瑰丽

绿树掩映之中的洁白塔林——崩唐岗佛塔林

曾经一直好奇为什么许多寺庙都建在偏僻陡峭的神山之中，后来才明白，那是朝圣者对宗教的虔诚，他们将寺庙的修建过程看成是他们无所畏惧的朝圣之旅，那本来无路的上山之行，成了他们通向顿悟的佛道。

永远不知道下一座会在哪里

我们驾车驶向山中时，陡峭和壮美的山峰一直在朝后移动，脚下是僧人们建寺时留下的朝圣之路，如今仍是后人走向顿悟之路。

千百年前没有人知道这座大山的名字，直到噶举派的伟大宗师米拉日巴大师将目光投向这里，岗布达尔山连同即将诞生的达拉岗布寺一起将这里照亮，也照亮了信徒前行的方向。

仰望山巅之处，形如米拉日巴大师弟子冈波巴大师法帽状的奇石仍旧亘古不变地屹立在山巅之上。

达拉岗布寺保留下来的历史遗迹和它矗立的陡峭山巅都在向人们印证着这座寺庙的至尊归属，如同那法帽一样悠远神秘，让人无法窥探。

纯白映照下的瑰丽

漫步山中，悠长的小路通向寺院的各个角落，大殿庄严肃穆，供奉着一系列大师的佛像，历经900

在蓝天白云之下，寺院曾经的辉煌将在这些工匠手中的一砖一瓦中实现

佛塔之下安静自处的玛尼石刻

玛尼石刻静静诉说着信徒们的虔诚

多年历史的冈波巴大师的佛牙舍利留存至今。

绕着小路，寺院西边的一片白色塔林在曲径通幽之后赫然乍现，那一片耀眼的白以及尊贵的金顶，在阳光毫无保留的直射之下，让人根本无法移开视线。

几排齐腰高的小佛塔层层成势，依托在几座大的佛塔之前，脚下就是那山石滚落的陡峭山崖，那种奇绝的美与险，让人无法抗拒，只盼能近距离观赏排排成势的密集之美。

一抹绿色之中，半山腰的主殿，金顶闪烁，掩映在夏日山花烂漫之中，忽隐忽现的金色成为此时大山最美的装点。

漫步山中，忽而眼前出现一块“神石”，人们纷纷在石头上蹭磨膝盖，原来这就是冈波巴大师的“药箱”。冈波巴大师精通医理，建寺之时，他将自己医药的功力注入神石之中，让这块看似普通的石头成了“明星石头”，信众来此都在石头上按摩一番，颇有些神奇之处。

繁花似锦的朝圣之路上忽然出现几面残垣断壁，那一刻，过去和现在都撕下了最好的伪装，让后人一览无余。

我们虽无缘得见寺院曾经的盛况，但是可以从被岁月剥蚀的高耸的深褐色墙壁上看到寺院的本真。曾经的辉煌与今日的“金顶远眺”都是寺院的本身，但却映照出两条完全相反的路径，希望今天塔林的纯白与美好能够永远映照着这片蓝天之下的宁静。

贴士

| 交通路线 | 从加查县城往东。

| 安全注意事项 | 寺院现在正在进行整体修缮，需注意安全。

服务

| 名称 | 达拉岗布寺

| 门票 | 暂无门票

“学霸”诞生地
——敏珠林寺

敏珠林寺　宁玛派　第一座喇嘛学府　敏珠林藏香

纵览整座敏珠林寺的非凡气象

现在的人们乐此不疲地议论着学霸和学渣的天壤之别，学霸们一般都以超高的智商直通顶级象牙塔，而学渣们从小到大都生活在“别人家孩子”的阴影下。

敏珠林寺就是三百多年前，西藏当时最牛的“学霸诞生地”！

一笔定乾坤

敏珠林寺的大经堂和主殿互为犄角，坐落在颇大的广场之上，在周围群山的拱卫之下，寺庙气象万千，两根高大的经幡柱如卫兵一般长久守护着这里的一方天地。

寺院的走廊里，一个喇嘛安静地端坐在廊下，一根长长的红色柱子平放在他的面前，他正在全神贯注地蘸着金色的颜料在红柱子上书写经文，他的世界里再无其他，这一刻让人情不自禁地想将这画面定格。

作为第一座喇嘛学府的敏珠林寺，曾是西藏最顶尖的高等学府，在佛法、天文地理、藏历、藏医等领域培养了大批的人才。而敏珠林寺最引以为傲的应该就是敏珠林书法了。廊下书写的那位喇嘛就是利用“萨玛草”提取出的金色颜料，用极其细小的毛笔在柱子上书写经文。对僧人而言，书写经文是他们心中一场极其神圣的修行，祈祷能让自己得到升华和超脱。

经堂之内精美的佛柜

敏珠林藏香

在寺院廊下安静书写着的僧人

高等学府有内涵却也会“手工”

领略了寺中广场的非凡气象，跨过广场上建寺的创始人德达·林巴的天然石脚印。庙堂之内同样大有乾坤。沿着陡峭的台阶拾级而上，静谧无声的大经堂之内矗立着高达5米高的释迦摩尼巨型佛像，耀眼的金色衬托出佛像的庄严。而最巧妙的是站在经堂的二层，视线可以与佛像齐平，是一种难得的体验。

顶礼膜拜过众神、众佛，我们有缘得见盛世大唐赠予德达·林巴的镇寺铜镜，并在壁画的故事之中了解了曾经的历史。

在寺院的高处，拱卫着寺院的群山之中，形如德达·林巴佛帽的佛塔山以一千平方米的壮阔之势出现在山顶。红色的经幡猎猎飘扬，长久保佑着一方水土。

敏珠林寺这座培养了无数人才的古老学府留给后世的还有他独特的制香技艺。如今已经82岁高龄的江白大师将自己制作敏珠林藏香的手艺传给了世世代代。敏珠林藏香的制作技艺也成为了国家级的非物质文化遗产。

敏珠林藏香选取了二十多种中药，包括藏红花、人工麝香、穿山甲的外壳、红檀香木、白术、佛手、红景天、贝母等名贵药材。不同于西藏其他地区的藏香，敏珠林藏香经过混合、发酵等工序，最后依靠一种手工制作的皮具漏斗来将药泥挤压成条状的藏香。

在寺院旁边的制作间里，闷热的空气混合着浓郁的中药味道直扑面门，我们走进门时险些被呛到。但是看着坐在地上表情惬意的工人们安静地完成着手中的活计，那一刻我们发自内心地感谢这些执着于敏珠林藏香传承的人们，让这座高等学府有了别样的感觉和意境。

贴士

| 交通路线 | 从扎囊县城往东走5公里，然后走扎其路约11公里（约15分钟车程）到达。

| 旅游消费推荐 | 敏珠林藏香可在寺院内购置，因包装及成分构成不同，高中低档均有销售。

服务

| 名称 | 敏珠林寺

| 门票 | 25元

山巅上女活佛撑起的一片苍穹
——桑顶寺

历代女活佛执掌寺庙　集众家所长的博东教派　博东·确列朗杰

远观桑顶寺盛景

走进幽静的青朴修行地，尼姑们安静地在佛前供奉佛灯。

或许在大多数人的印象中，寺院是男人们的世界，那是世俗之外的另一片天地，主持、活佛、法师的威仪更加深了人们对寺庙的“阳刚”的印象。只有羊卓雍措南面的桑顶寺，是由历代“女活佛”撑起的一方胜境。

伫立山巅的气象万千

桑顶寺是一座有300多年历史的古老寺庙，西藏唯一女活佛桑顶·多吉帕姆曾任该寺寺主。该寺位于羊卓雍措湖西南一座险要陡峭的山顶上，寺庙的红顶白墙立于苍穹之下，如大海边的灯塔，屹立不倒。

俯仰天地之间，北面的大象山壮阔逼真，南面的库拉岗日峰巍峨耸立，西面的宁金抗沙峰直插天际，东面的雅拉香布雪山则拱卫起了一方天地。

循着寺门走进其中，阳光无私地洒下来，寺院的主殿和佛殿笼罩在一片金光之中，安静和谐。

殿堂对面的两层僧众宿舍隐藏在夏日难得的阴凉当中。喇嘛们心爱的宠物小狗略显焦躁地叫着，让庄严肃穆的寺院多了一丝亲和力。

高低错落的院墙

寺庙里的酥油灯

小僧抱着心爱的宠物狗合影

进出的喇嘛对我们手中的相机颇感兴趣，在佛殿的台阶之上摆出各种造型，供我们拍摄。

女活佛撑起的一片天地

跟随着喇嘛的脚步走进主殿，信徒们朝拜过后，留下静谧的殿堂，看似昏暗的光线之中，僧袍、经书都静默摆放整齐，陪伴僧众的晨起早课。

殿堂中创建博东教派的博东班禅大师的佛像和蔼地注视着过往的人们。

时间流转回五百多年前的1440年，桑顶·多吉帕姆·吉宗曲吉卓玛以第一世女活佛的身份创建了桑顶寺，自此女性坚韧地开创了藏族地区佛教的一片天地。

紧邻博东班禅的佛像，第十二世活佛桑顶·多吉帕姆·德庆曲珍的佛像魏然伫立，作为西藏自治区人大常委会副主任，活佛每年都会回到桑顶寺，在三层平台上为朝拜的信众进行摸顶赐福。

迈步走出佛殿，岿然耸立的寺院大殿依然沐浴在阳光之中，殿中的壁画美轮美奂，环顾一圈，那庄重的金色搭配着艳丽色彩的壁画似乎在不断向往来的信众们倾诉……

游走在寺庙的大小佛殿、经堂之中，有幸赶上信众们排队前来祈福，摩肩接踵间双手合十，轻轻点头，互相报以诚挚的微笑，让我们很快融入到这虔诚的队列之中。

窄小的路丝毫没有扰乱人们的秩序，跟随藏族百姓走进了德庆颇章，虽然陈设简单，却是历代活佛居住的地方。相传，当年成吉思汗统一天下时破坏了西藏的众多寺庙，当骑兵们冲到桑顶寺时，第七世活佛将所有的僧众赶往山上，只留下她自己静坐在颇章之中。蒙古骑兵闯进殿中，活佛幻化出一只母猪和七只小猪保护寺院，吓退了骑兵。至今桑顶寺中仍供奉着多吉帕姆金刚像护法神，译为能化身母猪的金刚护法神。

在次久拉康殿中，围绕整座殿堂的精美壁画展现了从建寺之初至今共十二世活佛的逼真壁画，看似柔弱的女性在佛教的虔诚修为中，建立起苍穹之下的一片佛教天地，这段传奇和历史在藏族地区经久传颂。

贴士

| 路线推荐 | 从浪卡子县城出发向东10公里，行至半山腰到达桑顶寺。

服务

| 名称 | 桑顶寺　　| 门票 | 暂无门票

西游降魔　降出至尊寺院
——昌珠寺

现实版大话西游　成就西藏第一佛殿

历经沧桑的昌珠寺

少了西藏大寺院的霸气，昌珠寺安安静静地坐落在泽错公路边，如果不注意很可能会一阵风驰电掣后将这座寺院遗忘在尘土飞扬之中。

当年文成公主算出西藏的地形犹如一个仰卧的女魔，决定在女魔的左肩建寺来震住女魔。昌珠寺原址是一片湖水，相传松赞干布修炼后化身成为大鹏才降住了湖中的怪龙，昌珠寺才得以建成。

文成公主御用铜锅谁敢摸

昌珠寺的镇寺宝贝中让游客和信徒争先恐后的是一口看似普通的铜锅。迈进千手观音殿，发现右边墙角处一些女香客排着队在摸一口铜锅。这口锅正是文成公主曾经御用的铜锅。

昌珠寺建成后成为了松赞干布和文成公主的冬宫，那做饭生火必不可少。这口铜锅不仅成为了历史的见证，相传更能给摸过这口铜锅的朝拜者带来好运气。

珍珠唐卡盯着我

昌珠寺的珍珠唐卡让其名声大震，当人们第一次近距离地观赏它时，都被唐卡的珠光宝气所震住，最神奇的是无论从哪个角度来看，唐卡中的观音都会露出微笑的表情，让人们无法避开她的目光！

古朴低调的院落

行走，诵读，感悟

红与黄的主基调，烘托出殿堂的庄重肃穆

宗喀巴大师慈祥的微笑

昌珠寺的珍珠唐卡共用了29026颗珍珠、1颗钻石、2颗红宝石、1颗蓝宝石、185粒绿松石、1997颗珊瑚、15.5克黄金，由乃东王后亲手绣成。怡然的微笑，神秘的目光和历经千年依然璀璨的珍珠光泽，都让目睹唐卡真容的游客们发出情不自禁的赞叹之声。

“灯下不黑”的镇寺之宝

俗话说灯下黑，但是黑暗也没法掩盖悬挂在一边的绛丝唐卡的风采。虽然历经岁月唐卡已经褪去了原有的华丽色彩，但是由文成公主亲手绣的唐卡也让它成为了镇寺宝物之一，历经岁月洗礼，唐卡的纹路依然清晰可辨。文成公主进藏后，共绣过三件唐卡，分别存于布达拉宫、扎什伦布寺和昌珠寺，其他两件唐卡艳压群芳，藏于昌珠寺的这件唐卡却低调平和，让这看似平淡的寺院内有了大乾坤。

走出佛殿，沿着寺院静心地转动每一个转经筒，口中默念着六字真言，与祈福的老人相视而笑，四百多个小小的转经筒在此刻带给我们难得的安静和放松。

贴士

| 当地习俗禁忌 | 在寺院中转转经筒要顺时针旋转，佛像和珍珠唐卡等禁止拍照。

| 交通线路 | 在泽当镇乘坐2路公共汽车在昌珠寺下车，或从泽当镇自驾往南上泽错公路，20分钟即到。

服务

| 名称 | 昌珠寺

| 门票 | 35元

壁立千仞·山寺相依
——洛卓窝隆寺

劈山而建　山寺相融　气势恢宏　那鲁桑普朝圣洞　天然岩洞

劈山而建·山寺相依

洛扎荒凉决绝的山势亦无法阻挡虔诚的信徒们开山劈土，在这片嶙峋的古老土地上依靠信仰的力量建立起一座又一座绝壁圣寺，如那山寺相依、山寺相融的洛卓窝隆寺。

仰望那片劈立千仞的圣地

在苍茫的荒山绝壁之上，洛卓窝隆寺傲然屹立于山巅之上，在湛蓝天空的映衬之下，那一片气势恢宏的庙宇群落，似乎需要万人的敬仰朝贺。

颠簸在陡峭狭窄的山间土路上，一路绝尘之后，视野乍然开阔，气派的门楼拱卫着这里的一方天地。巨大的形似坛城的景观突然出现在视野中，让人不禁驻足。

天然岩洞中的修行

绕过开阔宏大的庙堂，“那鲁桑普朝圣之路”的标牌引领着我们不自觉沿着那蜿蜒的石阶缓步而上。僧众们的驾轻就熟换到我们这里却成了艰难的朝圣前行。走进看似院墙围绕的庙堂门口，居然出现了一堵逼仄的天然石壁，进入狭小的门口，一条通道引领我们走进了一个天然的岩洞——玛尔巴大师修行洞。玛尔巴大师是藏传佛教噶举派的创始人，也是藏传佛教史上著名的译经大师。他的修行岩洞潮湿阴凉，被修建在一个庙堂之内，让人不得不赞叹建筑工艺的奇绝。

参观过玛尔巴大师的修行岩洞，我们来到了那鲁龙旦桑普洞内。岩石的逼仄陡峭直上直下，岩壁环绕之中，玛尔巴大师的梦境在寺院门口呈现之后再次出现。

寺院门口的小羊羔

密宗双修佛像

大师们参悟佛法的天然岩洞

玛尔巴大师的奇幻梦境

巨大的供奉台之上，雪山耸立，玛尔巴大师端坐雪山之中，雪山被象泉河、马泉河、狮泉河、孔雀河的河水包围环绕，太阳、月亮悬挂山头，顺着彩虹的飘扬，印度的三位上师、尼泊尔的两位上师及玛尔巴大师弟子的众多金身小佛像飘悬在彩虹之上。环顾四周，这如梦似幻的感觉亦真亦实，触摸着冰凉滴水的岩壁，望着口中呼出的白色气团，感觉奇妙而玄幻。

沿石阶缓步上到山顶处，走进其间，金光乍现，无我空行母的佛像整体造型形似孔雀开屏时的尾翼展开，在蜿蜒的枝杈之中，14 个空行母飘然悬于枝杈之上，环绕主供佛无我空行母，这一片看似枝杈林立的佛像给这幽暗的山洞带来了长久闪烁的金光。

俯瞰那山寺相融的绝景

缓步走在下山的石阶上，远山兀立，蓝鸦翱翔，洛卓窝隆寺劈山而建，仿佛与峭壁之间拉扯不清，崖中有寺，寺中卧崖，山寺相依，难分难解，红白相间的寺庙以恢弘霸气的姿态与峭壁完美结合，供来往信徒顶礼膜拜。

游走石阶廊道之间，缓步来到寺院的主殿之前，在廊前俯瞰僧舍的一抹金黄乍现在阳光之下，辩经的平台在每天下午的六点半开启它最喧嚣的短暂时刻。

回头凝望，主供殿红白两殿巍然屹立，静静走入红殿之中，幽静空旷的殿堂之上供奉着洁白的菩提佛塔，左右两边的殿堂之中有高达 12 米的玛尔巴大师的泥塑金身佛像以及玛尔巴大师 8 岁佛像，伴着长明的酥油灯，宁静祥和。一旁的密殿曾经是玛尔巴大师给弟子秘密传授佛法的幽静处所，殿门狭小逼仄。

拜谒过白殿中莲花生大师的 6 岁佛像，殿堂外侧的后门居然隐藏着一处独特的地方。走进其中，一片金光乍现，让人惊叹于“文物百尊殿”的金碧辉煌。其中，群佛林立，神态各异，金漆挂身，似乎随时可以跃出玻璃窗之外，与人们对话。

绕至二层，廊道巧妙地将红白二殿完美相连，堪称寺庙建筑中的绝妙之处和智慧所在。

贴士

| 交通路线 | 从洛扎县城往南行驶至色乡，在色乡沿山而上就可以到达洛卓窝隆寺。

| 周边景点推荐 | 可以在色乡游览赛卡古托寺，体验在九层古塔之上环绕祈福；或从色乡前行 20 公里到达拉普温泉。

服务

| 名称 | 洛卓窝隆寺

| 门票 | 暂无门票

旋转·三世轮回的感悟
——赛卡古托寺

九层佛塔　旋转三圈　三世轮回　噶举派938年历史古寺

气势·纯净

遥望远处高耸赛卡古托寺佛塔之上的人们行走在极尽狭窄的佛塔边缘，旋转，祈祷……那一刻或许他们正走在通往淡然顿悟的人生路上。

靠近·视线中的聚焦

行走在藏族地区雨后乡间泥泞的土路上，村落静谧和谐。伴着绵绵细雨，老人们手持转经筒微笑着与我们擦肩而过。野狗幸福地“漫步徜徉”其间，与往来的村民和谐共处。

忽然间抬头，远处的雨雾中，一个高耸的佛塔金鼎配合着白色塔身静默矗立在细雨之中。

细看之下，居然有几个人在高耸的塔顶之下紧贴塔身缓慢地趋步向前。伫立在远处屏气凝神地看着远处的“奇景”，循着古塔的方向，我们走进了九百多年历史的赛卡古托寺。

走进·完成人生的轮回

古塔的塔墙通体雪白，塔顶金碧辉煌。突然间阳光乍现，将塔顶的金色赫然照耀，湛蓝天空下的一抹亮色不禁让人眯起双眼。此时在塔顶贴壁朝圣的信徒们早已走下古塔，我们循着他们的方向走进那扇低矮的小门。

忽然间的黑暗让人视线极其不适应，尽管经过维修已经装上了昏暗的电灯，但是缓步走在塔底，眼前仍是一片漆黑，仿佛是走在一条通向地狱的路。

暂时适应了昏暗的视线，迈步进

九层古塔最底层的十二柱子殿

光影穿梭在经幡之间

红衣·红墙·佛光流动

入古塔底层的佛殿，12 根古旧的木柱经年持久地支撑着佛殿。这久负盛名的“十二柱子殿”，弥漫着酥油香气，温暖的佛灯映照着米拉日巴大师的佛像，庄严神圣。米拉日巴大师历经众多艰辛修建起九层公子塔，才成为伟大的玛尔巴大师的亲传弟子。这段历史经年累月地在整座庙传颂。

走出大殿，依靠着古塔每层小巧阁窗透出的仅有光线，沿着仅有半个脚掌宽的古老木质台阶缓慢向上攀爬，手脚并用成为了此时最佳的“行走”方式。呼吸压抑加之有些许的紧张，让上行变得缓慢。每爬行一段楼梯，都要小心翼翼地注意自己脚下的每一步。

一场艰难的苦行后，我们终于到达九层古塔的最高层，塔顶的大门在打开的一瞬，射出艳阳光芒，那种如从地狱中艰苦努力后的重生之感让我们内心感动，五味杂陈。

但是真的要从那扇透出阳光的木门中迈出，走到古塔外墙狭窄的朝圣通路时，我们还是心生一丝犹豫。抉择之后，我们迈出了第一步，先紧紧抓住塔身上的铁栏杆，而后全身而出。

在仅能容纳一脚宽度的塔身外沿，我们双手紧紧抓住栏杆步步小心移动，在 20 米高的塔顶，忍不住偷瞄俯瞰一下整座古老的赛卡古托寺映衬在一片红色寺顶之下，庄重肃穆。而旋转到塔的另一边却又另有一番风景，河水的奔腾流淌日夜不息。

看似漫长却短暂的三圈朝圣，成了“命悬一杆”的冒险之旅。如果没有亲身感受，可能永远都无法体会这种超脱，短短的三圈，我们似乎完成了佛教中短暂的轮回之旅。

贴士

| 交通路线 | 从洛扎县城往南偏西行驶到色乡即可到达赛卡古托寺。

| 安全注意事项 | 如果有恐高症，不建议环绕九层古塔。

| 食宿推荐 | 在色乡村可以住宿在家庭旅馆或宾馆，当地有简易的藏餐馆和小卖部提供饮食。

服务

| 名称 | 赛卡古托寺

| 门票 | 不收门票，但需要在寺院门口进行登记。

天上西藏·藏源山南
THE SOURCE OF TIBET SNOWLAND HERE, SHANNAN
46

藏式体验

欣赏精美绝伦的手工艺术，品尝地道的藏餐，在哲古草原体验和动物撒野，欣赏乡间油菜花之美，览壮美雅江，尽在山南。

游丝一线铸就绝世“高手”——扎囊氆氇

丝丝纺线中，它穿越两千多年成为传世的经典

纺织氆氇的大姐双眼、双手和双脚有条不紊地配合着

最原始木质的纺织机在吱嘎作响，工人们左右手快速地配合，双脚在几个踏板间有条不紊地转换，双眼紧随着双手目光快速地游移……经过两千多年的岁月穿梭，这门古老的技艺让原本杂乱无序的羊毛成了装点藏族百姓生活的“百搭潮品”——扎囊氆氇。

百搭潮品　从不说“OUT”

现如今不论是时装，还是电子产品的更新换代之速堪比翻书，最常听到的一句就是“你 OUT 了！”人们都在追求快节奏生活的同时，吃、穿、住、用、行也跟着轮番换代。但是也有那些流传了千百年来，一直是老百姓心中“接地气儿”的经典之作，扎囊的氆氇便是其中之一。

薅羊毛、纺毛线是两千多年以来藏族百姓闲暇时间的主要休闲方式。纯木质的纺织机，看似简陋、粗糙，却是那个时候最时尚的家庭配置，一架不大的纺织机在藏族百姓的手中却能织出单经单纬的平织、双经双纬的漏孔织、细经粗纬的上下交织等，这些人们能让毛线在纺架和纺轴之间神奇地变幻出正方形、人字格、颗粒状，甚至还有几何图案。这细细的游丝一线在快速的翻飞旋转中完成了从羊毛到毛呢氆氇的华丽蜕变。

游丝一线成就绝世高手

除了耳边刮过的阵阵风声，整座氆氇厂都没有大机器的轰鸣和吵

在阳光下晾晒的乳白色氆氇雏形

制作氆氇的藏族大叔们

用来染色的天然植物——江北曲丙

闹，已经纺好的奶白色氆氇在午后的阳光下随风摆动。

走进厂房里，用来熨烫的大机器短暂停歇。机器旁边的地上摆放着成袋的颜料，这些颜料和唐卡的绘画原料一样采用了纯天然的植物或矿物染料，像洛扎石、措美土、加查核桃皮、印度矿、错那矿以及长得很像树皮的江北曲丙等，这些看似很原始的植物、矿石成了成就这些传世氆氇的幕后英雄。

在氆氇的加工室里，一群朴实的藏族大姐们都在低头专注着手中的纺架和纺轴，双手严丝合缝地配合，双眼紧随双手游走，双脚则在四个脚踏板之间娴熟地来回转换，双眼、双手和双脚同时默契配合才使那一根根羊毛线幻化成一段段最本真的乳白色氆氇。

当一条条 20 米长的氆氇诞生后，接着就要为氆氇刮出羊毛本身的毛，让氆氇更加平整。然后用生长在扎囊江北的天然野草漂洗氆氇，来去除异味及进行脱脂。

核桃皮和矿石经过热水泡制、研磨后就可以用来给氆氇染色，天然碱则能提升氆氇颜色的饱和度，如果想让氆氇呈现出多种色彩和图案，就只需用非常简单的刻成图案的小木块覆盖在氆氇上，图案就会跃然在氆氇之上。

经过漂洗、晾晒后，将氆氇拿到工艺品加工室，将一块块花氆氇制作成时下非常自然风的手包、背包、提包，款式多种多样，也可以根据顾客的需求定制。

蕴含着两千多年历史文化的轻薄氆氇伴随着世世代代的藏族百姓穿越至今，那些看似朴实无华的氆氇披肩、背包、围巾从一位位藏族大姐的手中诞生，饱含着劳动者最本真的质朴，成就了氆氇的传世经典。

贴士

| 购物推荐 | 可以在扎囊县阳光氆氇厂的，门市部购买氆氇的相关产品。

服务

| 名称 | 扎囊县阳光氆氇编织厂

| 地址 | 扎囊县折木路口 101 省道旁边。

跟着它们放肆撒野
——哲古草原

绿草如茵　牛羊成群　野驴飞奔　生机盎然　自由驰骋

哲古湖风景区

草原上星星点点的羊群

牧民的帐篷

当我们驾车在哲古草原上疾驰时，我们没有犹豫，只朝着心中的草原驰骋飞奔。

辽阔的视野、疾驰的速度成为此刻生命中唯一的主题。没有了纠结、争吵、懊悔、愤懑，所有的负面情绪在那一刻消失不见。

无限地延伸向前……当轮胎从柏油路面开到草原之上，似乎轮胎也感受到了草场的湿润柔软，忽然浅浅地陷在了其间，不愿再动弹。突然出现的帐篷中迎出来的热情向导决定带着我们开启一场哲古草原的撒野之行。

豁达，无法描述的豁达是草原赐予我们的无价享受。云卷云舒之间，天光云影映照在群山之上，飘忽间色彩的浓淡变化给哲古草原赋予了更加丰富的视觉体验。一马平川的草原上，屹立的巨石，成为整片草原最突兀的“地标”。

遥想曾经哲古湖的碧波万顷，而今的草场却以平静如初的绿荫重新展现在人们面前，不论大自然如何变化，它呈现出的永远是最本真的美好。

跟着野生动物放肆撒野

当双脚真真实实踩在草地上，浓烈的青草气息直抵心肺，让我们早已习惯了各种污染空气的身心得到了彻底拯救。

潮湿清冽的空气无私地滋润了我们疲惫的身体，双脚踩在柔软的草地上，让人惬意放松。

草原上的云卷云舒

藏野驴前行的路上遇上了“拦路虎”

纯天然的奶渣混合着酥油成就了这香酥可口的奶渣糕

摆脱了旅途的颠簸疲惫，此时更加羡慕牦牛群、羊群、马群的慵懒惬意，没有外界的一切干扰。它们静卧、舔毛、吃草，沉浸在一个完全放松的空间里。

地鼠的神出鬼没扰乱了这看似平静的草原，在庞大的“地宫”里上蹿下跳，乍然出现在视线里。而一阵悠远的黄鸭叫声，也在不经意间打破了草原的寂静，汽车的突然到来，让受到惊吓的黄鸭振翅飞翔，又是一幅可遇不可求的美景。

来哲古草原，不能错过与藏野驴的“极速邂逅”，野驴的机警增加了与它们碰面的难度。为了与它们偶遇，开车奔驰在草原之上，忽然间或成群、或单只的野驴出现在视野里，为了不惊扰它们，我们只在较远的距离与它们平行狂奔，感受野性自然的最大魅力。

偶然间“闯入”他们的生活

此时，阵阵低沉的声音传入耳中，在袅袅炊烟和人间烟火的味道里，我们不经意间闯入了当地牧民的生活。短暂的藏族地区夏季，草原的天然草场为放牧提供了最理想的场地，牧民们迁移到夏季牧场，开启了短暂的夏季草场生活。

牦牛奶的奶香混合着一丝腥气从帐篷里阵阵飘出，三两个牧民手持着木棍在木桶里使劲地捣着即将成型的酥油，凉爽的天气里费力的劳作仍旧让他们大汗淋漓。帐篷之外，晾晒在毡子上的乳白色奶渣，时不时飘过一阵酸甜的奶香味道，也吸引了一些不知名的鸟儿飞来觅食。

告别了牧民的劳作，来到简易的草原帐篷餐厅，我们品尝到了最原汁原味的牦牛肉炖萝卜，还有奶渣和着酥油制成的酸甜奶渣糕以及混合着野葱的浓郁味道的蒸土豆。这一趟哲古之行，成为我们生命之中不可多得的精彩瞬间。

“**自由，**无法言说的自由**从内到外将身心**推回到最原始的放松状态”

贴士

| 路线推荐 | 从乃东区出发向西南方向行驶大约半小时进入琼结县境内，可以沿途参观完藏王墓，再继续向南行驶大约 1 小时进入措美县。

服务

| 最佳旅游时节 | 哲古草原在每年九月份会举办盛大的哲古牧人节，期间可尽情享受草原风光和体验牧民生活。

| 周边景点推荐 | 措美县古堆乡的藏獒非常出名，可以到古堆乡看藏獒。

久居神山　坐地“成仙”
——扎日竹编

扎日神山　隆子县　扎日竹编　云雾缭绕　怡然自得

正在进行竹编的藏族大妈

久居城市的我们，无法摆脱世俗的困扰，那种“采菊东篱下，悠然见南山”的自然生活让很多人心向往之。当我将城市生活远远甩在身后，席地而坐，跟村民闲聊上几句，看着这些久居深山之中的百姓聊着、笑着、怡然自得地编织着手中的竹编，享受自然赐予他们的一切，忽然觉得在扎日神山中，谁都可以坐地“成仙”。

活的是种心情　编的就是乐趣

云雾缭绕之中苍松翠柏若隐若现，悠长的五彩经幡横跨在山谷之中，天空中的水汽时而凝结时而消散，浓绿中一切似乎都能湿润地挤出水来。那从内而外的滋润游走全身，也穿行于生长在扎日山谷中的万事万物中。

唐突间，走进砖石垒砌的乡间小屋，院子中的茅草小棚下，苍老和蔼的老人安静地端坐在角落中，静静地编织手中的竹条，配合着手中藏刀的削削减减。当我静静注视着他的时候，他慢慢地抬起头，对我露出一个微笑，双手依旧不停编着。

慢慢走近小屋之中，屋子里居然没有床椅之类的家具陈设，淳朴的藏族百姓们都坐在草甸子上，昏黄的电灯照亮屋内不大的空间。

在这看似简陋的小屋里，张张脸庞都因我的意外闯入而抬起头，露出一丝羞怯淳朴的微笑。他们围屋而坐，时而窃窃私语，时而相视一笑，在编织中享受着自己的生活乐趣。

装饰竹编小筐的皮质装饰物

简单质朴的扎日竹编

层叠错落的手工竹编

大山赋予的恩赐

在扎日的村落之中，家家户户都拥有这份天赐的手艺，那是这片灵动山谷赋予他们的最大恩赐。如果有一家人开始制作竹编，周围的邻居都会赶过来帮忙，开始那温暖小屋中的“围屋漫话”。那种乡亲邻里间的人情温暖地轮流在家家户户的小屋中。

久居大山深处，藏族百姓们穿行竹林间，挑选着合适的竹子，砍下后带回家中。当地百姓喜欢选用竹子的外部，因为竹子内部质地相对较差一些，老百姓会将削成片状的竹篾在水池里浸泡三天，浸泡好的竹条就可以用来编制大小各异的扎日竹编，趁着竹子的潮湿，更易于制作。编好的各式竹筐经过几天的晾晒，就带着当地百姓的欣喜和希望翻山越岭地卖到大山外面的世界。

不仅是竹编，扎日神山同时慷慨赋予当地百姓久负盛名的扎日鸡血藤。看似长相普通的藤蔓草根，经过百姓的细心挑选，选择根茎粗壮、颜色棕红的藤蔓，依据藤蔓天然的纹理而将它们切成一节一节，然后用炭火微微熏烤一下让鸡血藤能够弯起，形成弧度，再用小竹筒箍住藤蔓的两端形成圆环，在阴凉处阴干 10 天左右就成了藏族地区著名的扎日鸡血藤了。

贴士

|交通路线|从泽当到达隆子县县城全程 137 公里，为水泥路面路段；再从隆子县县城去往扎日景区为土路，220 公里，路况较差，需要 7-8 小时。

|建议携带物品|扎日地区雨量充沛，需随身携带雨衣、雨伞。

|购物食宿推荐|在扎日山谷中可以到“扎日米及墩特产店”购买竹编筐；同时还能购买到扎日鸡血藤、扎日虫草，更能买到本地特产的“圣地扎日药香”——都是利用本地特产的中药材制作而成。可以选择在山谷里的简易旅馆和小餐馆进行食宿。

服务

|名称|扎日竹编

|地址|山南市隆子县扎日山谷内

“茹毛饮血”饕餮另类藏式美味
——雅砻藏家宴

地道藏餐　酥油人参果　血肠　生牛肉酱　藏红茶

高大上的“雅砻藏家宴”

如果不是下狠心点了这道传说中的“生牛肉酱配糌粑”，可能根本就没有机会当一把现实版的“疯狂原始人”！当糌粑经过厨师的手工“打造”，带着手指压制过的痕迹端上餐桌，我的目光顿时就被旁边鲜红的一碗酱料所吸引。乍一看以为这是番茄酱，但是细看之下让我目瞪口呆——那是一碗新鲜红嫩的生肉！

挖一勺新鲜的生肉酱，淋在捏好的糌粑团上，一口下去，味道微辣、微咸，糌粑松软有嚼劲，而生肉酱的肉丝在口中却“独领风骚”，抢占了味蕾的高地，没有想象中的腥气，只能品到肉质纹理的劲道感。

生肉酱选用的是母牦牛后腿的纯瘦肉，肉质细腻，经过纯手工的切和剁，放入盐、辣子、野葱拌匀之后，配以糌粑将肉的味道发挥到了极致。

“血性十足”我敢来试

跟内蒙古的血肠一样，西藏的血肠同样是明星菜品。有将炒的、铁板煎的、蒸的血肠拿来蘸辣酱的各种吃法。最好的血肠是把羊血、牛血与青稞粉搅拌均匀，再放入一些牛羊肉、盐、野葱、味精混合均匀后灌入肠衣。看似黑乎乎的血肠，一入口满满的油香混合着孜然辣椒面的香气，口口软糯，给人货真价实的满足感。

传说中的人参果？

孙悟空偷吃人参果的故事谁都知道，传说中的人参果我没见过，但是现实版的人参果正被我品尝。指肚般大小，每一粒都在酥油的翻炒中浸

焦香四溢的炸血肠

生牛肉酱配糌粑

刚刚切好的血肠，肉感十足

满了浓浓的油香，口感软糯香甜，非常像山药豆的口感，但是这小小的一粒和西藏虫草的价值相等，丰富的营养价值使人参果成了人们眼中的金疙瘩。除了炒着吃，还能和米饭一起蒸、炒，还能用来蒸蛋，也可和玉米搭配，简直是百搭的“神果”。

食之觉

品尝了许多藏式的地道美食，走进这家名为“雅砻藏家宴”的餐厅，藏桌、藏式装饰画工繁复，更吸引眼球的当属摆在最显眼位置的雍布拉康的模型。

在这家藏家宴里，除了几道经典美食，更有人气火爆的藏式火锅，可谓是四季的人气单品，可以荤素搭配，牦牛骨熬制的汤底清爽不油腻，配上藏式红茶的奶香浓郁，实在是很有满足感。

贴士

| 交通路线 | 乘坐当地 601 路、501 路公共汽车到德吉小区站下。

服务

| 名称 | 雅砻藏家宴　| 地址 | 山南市泽当镇湖北大道 13 号附 9 号　| 电话 | 0893-7832918　| 营业时间 | 早 9：30—晚 10：00

一生之中唯一的“情人”
——加查木碗

从古至今她一直都是人们永远不能割舍的“情人”

锯末横飞的木碗制作现场

如果说现今有钱、有身份、有地位的标签就是开豪车、拥豪宅、出门住豪套，那将时间倒退回从前，那时西藏贵族以拥有木碗为荣，看木碗的款型、材质、有没有上漆就能看出一个人的地位和品位。就像今天人们以佩戴的手表、用的手机去装饰自身一样，木碗虽小，透过它却能看出这木碗的主人是不是有款、有型又有品，一个小小的木碗就能看出很多。

要情人　但只钟爱一个

“丢也丢不下，带也带不走；情人是木碗该多好，可以揣在怀里头。”说钟爱也好，说喜欢也罢，这一句简单的藏族情歌将老百姓对木碗的钟情直白流露。

原来的贵族不论何时都随身携带着自己的木碗，或加盖、或装点银饰，更有土豪在木碗上装饰上珠宝，誓将自己的木碗打造成最“土豪”的一个，没有之一。

宴会上，大家互相掏出自己怀里的“宝贝疙瘩”，在推杯换盏间展示着自己的“情人”，有点心理上的小满足吧！

而普通的百姓家里，没有镶着银饰、珠宝的木碗，却也有着从父辈那里流传下来的一只“传家碗”，看似平凡无奇，或许连漆都没有粉刷过，但是经过家中长辈的长久摩擦，碗身

经过上色和上漆后，装饰银饰和珠宝的木碗

用天然泥土上色后的木碗

未上色的木碗

上木质的纹理也变得柔和温润，这简单的一只木碗不知蕴含了多少的亲情在其中。

匠人的情怀融于小小的碗中

在西藏很多地方都能看到木碗的身影，它形影不离地伴随着藏族百姓的生活。加查的木碗更是因为制作手艺的精湛、木材的优良在 2009 年成为西藏自治区的非物质文化遗产。这一只只小小的木碗经过千百年来的传承，经过祖祖辈辈的手手传递，将匠人的坚持精神注入其中。

在加查县经营着自己木碗专卖店的洛桑次真将自己的木碗手艺传授给了 50 多个年轻人，让小小的木碗在更多的匠人手中传承。

盛放茶、饭、糌粑、青稞酒等不同食材的木碗，大小不同，选用的树瘤也不同，没错，是树瘤！这颠覆了很多人曾经认为木碗是用木材制作的误区。加查县的海拔低，气候湿润，给了多种树木成长的空间，桃木、核桃木、青冈木、桦树都是制作木碗上好的原材料。最为神奇的是，还有一种罕见的特殊树种——桦木，做成木碗后若酒中有毒就会产生气泡，成为当时贵族的首选树种。

洛桑次真经常遍山寻木，挑选合适的树瘤就砍下来留存好。树瘤砍下后对树木没有任何的损伤。工匠们将树瘤用锛头加工成木碗的雏形，再用车床带动木碗，利用锉子进行打磨，虽然是机器化的操作，但是工匠们至今仍保留着依靠人力踩动铁制脚踏板的原始车床，如果赶上停电，老车床仍旧能够派上大用场。

加工好的木碗，用砂纸进行打磨，再选用当地纯天然的土，用水调匀，将木碗固定在车床上，利用车床的转动就能上好色。每上一遍色就要经过晾晒，如此反复十多遍，还会根据客人的需要选择是否上漆。买回之后的木碗用青稞酒或是白酒盖上盖子闷上两三天就能成为一只陪伴自己一生的“情人木碗”了。

在洛桑次真的店里，还保留着他亲手制作的直径 70 厘米的“木碗巨无霸”，作为镇店的宝贝被摆放在最显眼的位置，同时在店里还能看到没有任何上色、上漆的“裸碗”，仅仅通过自己的纹理和木材的质地本色赢得顾客的青睐。一切都仅在一只简单的木碗之间传递和传承，单纯而质朴。

贴士

| 旅游商品推荐 | 选购核桃油和石锅：可以在加查县农牧局大门左侧的商店中购买加查当地的千年核桃林出产的“藏域圣源核桃油”，还有远负盛名的加查石锅。店中可以进行商品订购，通过快递运送。

| 周边景点推荐 | 可以从加查县城出发往西北方向行驶，参观加查千年核桃林。

服务

| 名称 | 达布鼎盛农民专业合作社木碗专卖店

| 地址 | 西藏山南市加查县县城消防站对面

醉心·自在　融化在高原油菜花海
——山南高原油菜花田

西藏　油菜花海　最美夏天　一抹生命的亮黄

花海·静径

每一个生命的魅力除了展现自己蓬勃的生命力外，更有自己独有的鲜活生命色彩，所有这些单一的个体汇聚一起，展现了大自然无与伦比的活力和激情。亦如每年三四月份的油菜花，虽为人栽，却宛若天成地呈现出最自然的色彩。不论是江西婺源，还是云南罗平，抑或是江南的小镇村落，人们都能怡然自得地欣赏油菜花带来的流动的亮丽色彩。

行走·触碰不被打扰的高原之美

阅过江南油菜花田的恬静、惬意，欣赏过云贵高原油菜花田的层叠交错、错落有致，有缘得见了陕北油菜花田的苍凉孤傲，但是我不曾想过竟能在稀薄高冷的青藏高原看到一片油菜花田。

在平原地带，每年三四月份是油菜花最富有生命力的阶段，而高山油菜花的魅力被青藏高原的强大力量向后推迟，在西藏最美的六七月份是邂逅油菜花的最美时节。

穿行于高山颠簸陡峭的山路之间，旅途的疲惫在我偶然间望向山谷的一瞬间，被那黄绿相间的青稞田、油菜花以及色彩鲜明的乡村屋舍的纯美一扫而光。于是我毅然决然地走向山谷中那片鲜艳的色彩。

阡陌交通，鸡犬相闻，缓慢闲适地行走在村落间的土路上，牛马静默

阳光·鲜活

蓬勃·闪光

渺小·空旷

吃草，连汽车的轰鸣声都干扰不了它们的悠闲自得。脚下踩着高低不平的乡间小路，一边的绿树蜿蜒成荫，给午后炙热的泥土带来一丝凉意，而另一边连绵无垠的油菜花海，在阳光的照耀下显出浓艳的明黄，让我情不自禁地眯起双眼用另一种独特的视角来欣赏这极具旺盛力的生命色彩。

穿行·放松最自在的自己

连绵起伏的高山环绕在周围，让这片花海显得层叠起伏。走进花田之中，小心地穿行在田中的陇上，齐膝高的油菜花以极细嫩秀气的花茎支撑着灵动的花瓣。随意坐在花田中的石头上，静静欣赏风吹花田的悠扬声响，呼吸着来自高原的质朴清香，忽而视线被穿行田野的藏狗吸引，而狗则以好奇的眼神注视着与它视线齐平的“闯入者”。此刻，我与狗、花找到了平行世界之中的交集。

放松地徜徉在花田之中，少了城市生活中的种种噪音，此时此刻的宁静只属于身在田园之中的我。或前行、或驻足、或蹲下，每种视角下，都有不同的画面呈现在眼前，那种专属的优越感，如果没有行至高原的村落之中，可能永远无法体会。这是看似豁达苍凉的青藏高原带给每一位有缘来此的人们最本真的馈赠，我们都不应辜负。

贴士

| 旅游景点推荐 | 在山南能够在很多地方欣赏到油菜花海，建议在自驾途中寻找自己的观赏地。

| 最佳旅游时节 | 藏族地区的油菜花和青稞根据气候、温度的不同会有所差别，但是最佳的观赏时节集中在每年的六七月份。

服务

| 名称 | 山南高原油菜花田

| 地址 | 山南市

流走在指尖的静心修行
——扎囊虽雕

扎囊虽雕　自治区非物质文化遗产　藏桌　佛柜

粗糙双手雕刻出精细之美

游走在藏族地区的大街小巷中，在一家家藏餐厅、藏茶馆里，很多人的注意力都集中在面前的美食和甜茶上面，但是如果你稍微细心就能注意到小店的藏桌低调地隐藏在那些美味之下。细细触摸上面繁复的花纹，曾经艳丽的色彩和分明的棱角在岁月和时间的剥蚀下变得暗淡和温润。

如果说这太过平凡的藏桌很容易被忽视，那么那些大小寺院之中，经年累月被精心呵护的佛柜则不会那么没有存在感。这些在梵音缭绕之中的佛柜以它们精美绝伦的纹饰向过往的人们讲述着曾经的故事，似乎想呈现出隐藏在佛柜背后默默修行的人们。

冰冷背后的温度

无论是普通的藏桌、藏柜，还是寺院中繁复得无以复加的精美佛柜，都不是现代生活中流水线造就出来的毫无生命的复制。

踩在铺满木屑的大棚里，碎屑随风飘散，很难想到这里就是缔造了无数精美佛柜和藏桌的诞生地。充斥着木屑、木板的嘈杂环境中，在每一个单独的工作间里，工匠们席地而坐，静心地制作着手中的木雕。

不是工厂大机器流水线的制作，这里的每一双手都在成就着经典的“扎囊虽雕”，或描摹、或錾刻抑或刷漆上色，在每一笔、每一刀的创作、刻画中完成自己对这一经典艺术的顶礼膜拜。工匠们个个低头专注，对外人的到访只是报以安静的微笑，然后继续低头进行手中的创作。

或许外界的一切纷扰在这些木

虱雕草图

用细如牙签的电锯在画好图案的木板上雕刻

传统藏族家庭中的摆件——和睦四瑞图，用大象、猴子、兔子、鸟来寓意要尊老爱幼

多达 28 种的各式刻刀

负责后期彩绘工作的工匠

雕匠人看来都微不足道，他们从自己的老师白玛占堆那里不仅继承了技艺，更从先辈那里学到了成为一名手工艺者应有的执着、坚持和一颗始终保持安静的心，更让这门古老的木雕艺术有了双手雕刻的温度。

流淌在指尖的修行

很久以前，在扎囊地区流传着一个故事，有钱的农场主苛待手下的一名木雕师傅，想让他雕刻出堪比米粒大小的雕刻作品，谁能想到木雕师居然真的刻出了似虱子大小的作品，这让地主瞠目结舌，从此这门绝技成为了世人皆知的非物质文化遗产——“扎囊虱雕”。

虱雕的美绝不仅体现在精美的画工之上，那一笔一划的篆刻更是力量和技巧的完美结合。一般的木雕选用白杨，木材不仅质地软，易于雕刻，更有天然的纹路，而更高档的家居则选用核桃木。

不同于画家，虱雕中的画师成为了决定木雕成败的“当头炮”，学徒级的画师会先在纸上画好图案，用针在纸上顺着图案扎出很多小眼，放在木板上之后，撒上有颜色的粉末，那图案自然就被拓在了木板纸上；而高级的画师则有在木板上直接绘画图案的功底，看似只是动动笔的绘图工匠却需要五六年的时间才能出师。

画好图案的木板会由负责锯刻的师傅用极其细小的电锯依照图案的纹路锯出最初的形状，而手工雕刻的师傅接过锯好的木板雏形，在 28 种雕刻刀具里轻松自如地选择合适的刀具将雏形雕刻成类似大理石浮雕的立体形状。席地而坐的他们经过长时间的工作，身上早已落满了木屑，但他们依旧忘我，经过组装、上色和上漆之后，一个完整的虱雕大作便从指间诞生了。

这门古老的技艺经过老一辈技师的传承，也在一辈辈虱雕匠人的手中代代传承，完成他们在每一笔篆刻中对自己内心的修行。

贴士

| 购物推荐 | 可以在虱雕厂订购藏桌等一系列虱雕木雕家居，价格需现场确定。可以订购方便携带的“和睦四瑞”（刻有鸟、树、兔子、大象的吉祥图案）的传统虱雕。

服务

| 名称 | 扎囊县手工业园区

| 地址 | 扎囊县东侧园区路

青稞也好“色”
——加玉黑青稞

吃一把黑色青稞　享一把自然健康

正在进行最后水磨的黑青稞

穿行于山南的崇山峻岭，游走在苍凉的壮阔山谷，感受着灵动的山水秀美，更有偶然间回眸处的怡然乡村。当视觉逐渐适应了藏族地区的辽阔和空旷，头脑和心灵逐渐放空后，远离城市的人们此刻或许正期待着感受淳朴百姓的藏地生活，体验喧闹大都市之外的人性之美。

不论是驰骋在藏地的乡间土路上，还是缓步在山水之间，当发现隐藏在山谷中的那一片青翠或是满眼金黄，看着藏族大姐弯着腰静静地打理着自己的田地，那种风吹“麦浪”的人文之美同样温暖旅人的内心，青稞田的灵动和壮美成为了藏地另一抹独特的亮色。而一种另类黑青稞，让藏地的青稞也“好色”起来。

给你一抹健康的黑色

如果说专属、定制都是时下流行的热词，那么当藏地的青稞也走起了定制风潮，我真真实实感受了一把“青稞流行风”。

颠簸在山南隆子县的群山之中，看似荒凉的山路让旅人不禁感叹路漫漫其修远兮。而就在视野麻木的时候，总能在偶然间看到一抹亮丽的金黄或是生机的翠绿，青稞田以自己不同的面目展现着自己的魅力。

这看似平凡的颗颗青稞却是大有内涵。橙黄、浓绿的色调成为青稞的独特标牌，可是当金秋到来的那一刻，上天赋予的金黄麦色里，以黑为美的加玉黑青稞成为专属定制的另类青稞。

或许是上天的恩赐，隆子县成

炒制后的黑青稞谷粒

为黑青稞的风水宝地，同样的谷壳外表下隐藏着营养更丰富的黑色青稞谷粒。当都市人还在拼命增强自身的抵抗力时，加玉乡的百姓早已享受起了老天爷赐予的健康营养。

小谷粒有大内容

游走在加玉乡的村落小巷之中，根本不曾想过这些精美的藏式民居之中居然隐藏着那么一座偌大的“黑色加工厂”。环绕在周围的苍凉群山将加玉乡共拉村的“黑色加工厂”隐藏其间。

厂房层叠错落，统一的白色在乡野中，难得的干净整洁。成百上千吨的加玉黑青稞在被运到工厂后，经过清洗，被输送进炒制的车间，站在工厂的门口就能闻到阵阵谷物的焦香味道，让人颇有食欲。

炒制好的青稞会先进行脱皮，之后被运送到磨坊的二层，顺着漏斗倾泻而下，谷粒瞬间就到了磨坊的一层。这时磨坊外面的神秘机器——水磨就闪亮登场了。英朗沟常年流着的雪山融水被引进工厂，成为水磨日夜转动的源动力，水的流速推动着磨石的转动，让青稞谷粒源源不断地变成了青稞粉。

被输送到拉萨、泽当等地区的加玉黑青稞糌粑因为其独特的营养价值受到越来越多人的追捧。如果吃不惯糌粑，也可以用开水冲制黑青稞粉，口感香浓顺滑。更多藏地之外的人们也可以体验黑青稞的健康新潮流。

贴士

| 交通路线 | 从隆子县城往东大约 1 小时车程到达加玉乡。

| 购物推荐 | 黑青稞的加工基地在加玉乡共拉村，在商品展厅可以购买黑青稞制成的各种产品，同时在加玉乡乡政府可以购买加玉荞麦枕头，在隆子县城也可以买到荞麦枕。

服务

| 名称 | 加玉乡黑青稞加工基地

| 地址 | 山南隆子县加玉乡共拉村

远离撒哈拉 听雅江“大漠”悠远回响
——雅江沙丘

撒哈拉太过遥远　在藏南的雅江大漠之中同样震撼内心

落日余晖中的雅江沙丘

遥远的撒哈拉是北非的灵魂之所在，无边无际的黄沙让很多内心孤寂的人找到了心灵归属。但也许是距离太遥远，也许是内心还不够坚毅到踏上那片自由之地，幸好在渴望领略沙漠的广袤之时我遇到了它——雅江沙丘。雅鲁藏布江边的漫漫黄沙在高山的包围之下，放荡不羁地征服了我。

一路向东　高山下给我一抹惊艳

从乃东一路向东，沿着雅江南岸一路行驶，不知过了多久，我脑海中想象的沙丘一直未现身。在我有些失望的时候，一片小规模沙丘在高山的包围下，赫然出现在我眼前。

雅江南岸的沙丘有一种雪域高原的苍凉之感。一边是雅江宽广波涛的河面，一边又有巍峨的高山，江南岸的沙丘似乎成为这二者的完美过渡。

雅江南岸的沙漠里没有高耸的沙丘，更接近沙滩，在阳光照耀的一瞬，一抹惊艳的金黄与高山相映，共同震撼了旅人的心灵，让人凝神屏息。

一路向西　寂寞沙洲中的孤寂

从乃东一路向西来到雅鲁藏布江北岸，雅江在这里归于平静，沙丘更放低了自己的姿态，迎合着雅江的波澜不惊。看似浅浅的水湾，沙丘以沙洲的形态与江水呼应，一弯江水又一弯沙滩，心中顿生了寂寞沙洲冷的凄凉之感。

高山与“绿洲”之间恢弘的一抹亮色

雅鲁藏布江宽谷沙丘已被丛林包围

沙丘上广阔无垠的天空和云影

但是不要只以为这荒凉是江北的主色调，他们的慵懒懈怠在一抹又一抹绿洲中有了不同的寓意，沙丘、江水以及或高或矮的绿洲成为大自然调色板中最自然的三种纯真“裸色”。

当阳光投射而下，河水的颜色变深，只剩下一抹刺眼反光的亮色，绿洲仍旧兀自矗立，调和着天和地，调和着水与沙。时而和缓，时而平坦的沙丘无声无息，千百年来默默承载着绿洲。沙丘的那一抹黄此时是温和的，包容的，让人醉心痴迷的。

雅江和沙丘千百年来相依相伴，或许这就是大自然的机缘安排。当我登到诺拉山顶俯瞰这一抹醉心之色时，才发现这景色的壮阔。没有波涛汹涌，没有高高在上的格调，只给人一种平易近人的感觉。

可能这就是大自然用它独有的方式让我来重新领悟和解读自然的神奇，让我的心中只有无尽的赞叹和拜服。

贴士

| 安全注意事项 | 欣赏沙丘时注意防晒保护。

| 路线推荐 | 从乃东镇出发，向东上盘山公路后，沿途可观赏雅江南岸沙丘，从乃东镇向西到达贡嘎县境内可以近距离观赏江北岸沙丘。

服务

| 名称 | 雅江沙丘

| 地址 | 山南乃东区

你好！古老的原住民
——珞巴民族村

珞巴民族村　隆子县斗玉乡　小桥流水　怡然自得

大山之中的院落

颠簸在荒野的群山之中，忽然间出现一片茅屋，亮黄色的墙壁给荒芜的大山带来了一片生机之色。

路过那片茅草屋，我们沿着山路驶进山谷，走进珞巴族百姓世代安逸生活的“古老原住民”世界。

穿行山野亦可小桥流水

走进山谷后，鳞次栉比的房屋高高低低地排列着。座座精致的小屋前，有一片视野开阔的小广场，拉伸了整片村落的视觉纵深。走上修葺一新的石阶，俯瞰面前广场上绘制着珞巴族特有的宝剑彩带的吉祥图案，珞巴族的先祖阿布达尼的雕像被环绕在吉祥彩带之间。

顺着山势走在平整干净的砖石小路上，两边看似矮矮的院墙上层叠摆放着生火的木柴，屋顶在木柴下浅浅微露，站在视野开阔处可以看到院墙之内的一片世外天地。

层叠错落的两层小楼，雅致清新，屋顶上覆盖着茅草，颇有回归乡野的自然之感，但是当我亲手触摸屋顶时才惊奇地发现原来这些茅草竟然是用铜片仿制的。

站在院墙边上，我好奇地往里“偷窥”，家家户户居然都别有洞天。独栋的小楼砖石垒砌得格外齐整，上下两层的设计，满足了储物和居住的双重需要，偶然瞥见屋外二层探出的雅致阳台上摆放着的各式花卉，晾晒着的衣物无不透露着生活的气息。

斗玉珞巴族祖先阿布达尼的雕像

珞巴族男士佩戴的贝壳项链和随身携带的刀具

装在竹袋里面的螃蟹

当地居民在自己的一片小天地里，种菜养猫、浇花劳作。每家院落都散发着闲适的生活气息。

穿越小巷，河水顺着村落洒脱地流淌。站在村落之中的小栈桥之上，可以环顾整座村落的美景，环绕四周的群山身躯伟岸，怡然自得地隐藏在这片小天地之中。

整洁的广场成为村民们活动的休闲之所，在较为炎热的夏季，村民们在广场的大树下乘凉，伴着穿行村落的蜿蜒水流，此时的宁静放松属于生活在大山里以狩猎为生的古老的珞巴民族。

走进山野之中的古老民族

沿着阡陌之中的小路缓缓走出这片宁静之所，那些小巧别致的房屋墙上，彩带环绕宝剑的吉祥图案成为村中最醒目的印记，让人印象深刻。

顺着山路而下，渐渐远离那片深山逍遥之所，我们来到了不远处的珞巴族陈列馆。

头戴藤帽、身着短衣、打着赤脚，随身佩戴各式的彩珠、海贝、兽牙的装饰品，更戴有威猛的腰刀、弓箭……这酷炫的打扮早在千百年前就成为珞巴族男人的标配，他们穿行狩猎在山林之中，尽显威猛和英勇。而珞巴族的妇女则腰围土布筒裙，头戴小彩珠，耳配藤耳环，再配以项链，腰间戴着小铜铃、串珠，颇具民族的灵动和秀美。

弓箭、腰刀、竹筒酒壶、斗笠、竹筐、竹编的扁筐，更有神奇的保留至今的“螃蟹干”。盛放在小小竹网里的螃蟹干是珞巴族百姓酿酒的秘密武器。这些真真实实呈现在眼前的民族风情，让我们读懂了珞巴族的魅力。如今这一仅有语言没有文字的古老民族的后裔依旧会世世代代生活在这片天空之下，让更多的人有缘遇见这些淳朴的“古老原住民”。

贴士

| 路线推荐 | 从隆子县县城往东途经加玉乡、准巴乡到达斗玉乡。

| 旅游商品推荐 | 沿途可以在加玉乡购买著名的加玉藏刀、加玉黑青稞和荞麦枕头。

服务

| 名称 | 隆子县斗玉乡珞巴民族村

| 门票 | 暂无门票

文化遗存

西藏的第一座宫殿雍布拉康，霸气恢弘的藏王墓，饱经风霜的拉加里王宫和朗赛林庄园，孑然自立的古碉楼群，它们的饱经风霜属于历史悠久的山南。

琼结藏王墓

见证藏源圣地的辉煌与沧桑
——藏王墓

不用远途埃及帝王谷 壁立千仞的藏王墓 同样霸气"侧漏"

被风霜雕刻的面孔

藏王墓矗立在群山环抱之中，周围是成片的油菜花田和青稞田，宏伟的墓葬群映衬着整座山谷的千古沧桑，一派风霜深深雕刻过的墓葬群像，苍凉而悲怆。

蜿蜒而上 通往"彼岸"的世界？！

蜿蜒而上的石阶，从低处俯瞰着朝圣的人们缓步向上，石阶两旁的黄色墙壁配以红色的墙头，顺着这色彩，目光缓缓地上移，两位老者的安静闲谈成为了目光此时的落脚点，仿佛时间静止，令自己沉静下来。

这默默承受人们攀登的山体就是闻名于世的第三十三代赞普松赞干布的大墓。没有想象中的墓门、墓道和如织的游人，曾经的英明决断，曾经的征战疆场，此刻还给松赞干布的是这简单的一座封土堆，令人心升莫名的感触。

从石阶而上，每一步似乎都在向着曾经不可一世的赞普靠近一步，庆幸他的丰功伟绩都深深印刻在西藏百姓的心中，简单的墓地远远不能承载他们对这位伟人的朝拜和祭奠。石阶尽头，我的视线里出现了一座祠堂，小巧古朴，两株古树似相拥一起，为祠堂的正门形成了一个天然的花门。

门漆斑驳的老门在吱呀声中向我诉说着曾经的辉煌与往事，与之相伴了不知多久的老门锁和老门扣在被时光打磨得发亮的同时，一起见证着这

通向“另一个”世界的“天梯”

那历经岁月剥蚀的墓葬外墙

生机！生机！生机！

这一片神奇的山谷至今守卫着这里的百姓

祠堂里，装着酥油的老玉碗

“从石阶而上，**每一步似乎**都是在向着曾经不可一世的**赞普靠近一步**”

里。祠堂中的酥油灯长明，陪伴着松赞干布、文成公主的塑像，一个同样历经时代变迁的玉碗，承载着酥油，承载着柔和的光亮，似乎要照亮每一位来此朝圣者的内心。

老骥伏枥　壮心不已的墓葬众生相

有幸站在松赞干布的墓葬之上，眺望整个藏王墓群，每一座都孑然自立，与世无争地“活在”他们自我的精神世界，那是一种经过千百年历史沉淀的稳健和从容，所有的人来人往都是匆匆过客。

藏王墓的众多墓地都以巨大的方形封土堆的形式呈现在世人面前，墓地没有豪华奢靡之感，但是在壁立千仞的高山之下，颇具威仪之感。

周边黄绿相间的油菜花田和青稞田镶嵌在看似贫瘠的山中，带给整片墓群些许的生机和亲近感，也更加衬托出无法言表的苍凉之感——一种真真切切的沧桑。

远处青瓦达孜山傲立，日吾德钦寺静卧山中，也让整座墓群有了更开阔的视野。看似孤立的每一座藏王墓，在周围高山的环抱之下，都好似老骥伏枥，志在千里，让我非常想近距离地解读它们，读懂它们，读出历史的参悟，读懂霸气的外表下所缓缓道来的遥远之谜。

贴士

| 路线推荐 | 从乃东区城区往西南方向三十多公里，路为公路，用时半个多小时。

| 最佳旅游时节 | 建议夏季出行，可以欣赏油菜花田和青稞田。

服务

| 名称 | 琼结藏王墓

| 地址 | 山南市琼结县

| 门票 | 暂无门票

征服一步 踏上朝圣的宫殿之路
——雍布拉康

“征服”西藏第一座宫殿 朝圣心灵之旅 原来就在脚下

雍布拉康肃穆而立于扎西次日山之上

我从第一眼就接受了雍布拉康的不可一世、清冷孤傲。宫殿的白墙将其与外界的世俗区隔开，它的五个第一为它荣耀加冕，让它的威名仍旧响彻整个扎西次日山间，成为不可撼动的西藏第一座宫殿！

“母鹿腿”上的宫殿

踏上曾经赞普立于的这片土地，雍布拉康以“一夫当关，万夫莫开”的架势迎接众人的顶礼膜拜。雍布拉康雄踞在扎西次日山之上，宫殿层层错落，最上面的尖塔直冲云霄。

在一片群山之巅，没有其他色彩陪衬，只有宫殿的一抹白，塔顶的金色在阳光的直射下，更加耀眼，让人无法直视。

站在另外的山头远眺扎西次日神山形似母鹿侧卧，雍布拉康恰好坐拥在母鹿腿之上。从第一代赞普聂赤赞普到第三十三代赞普松赞干布，雍布拉康历经了几十代政权更迭，用它的孤傲之感宣示着威严。

最自然的朝圣之旅

当我们从宫殿山脚下一步一步往上攀爬时，现代人的优越感彻底被打败！3700 米的海拔让登山的游客不停地大口喘气。

到达宫殿门口之时，首先映入眼

焚香一把

五彩经幡掩映着雍布拉康的另一面

需要人们仰视的第一宫殿

帘的是一片青稞麦田，这是第一块御用的田地，这里的绿给了游客最好的旅途回报。

高冷外表深内涵

因为宫殿在五世达赖时期改为了格鲁派的寺庙，所以少了几分宫殿的富丽堂皇，多了几分庙堂的肃穆。

宫殿之中不仅供奉着几代赞普的塑像，还有镇寺的药王佛像，游客更能在此近距离膜拜释迦摩尼手腕处的金刚舍利子。

我们走出宫殿后，在门口烧香祈福。我们将一碗盛有松柏枝和杜鹃花的香捧在手中，把香倒入香炉里面，在香上面挤三点水，口中喊着“哦母，啊，哦母”，接着抓一点青稞，轻轻在额头上碰一下，表示虔诚，然后往香炉上撒去，同时口中喊出“哈嗖咯”，祈盼让神灵知晓我们虔诚的供奉之心。这种体验让我们的西藏第一座宫殿之旅有了别样的感觉。

来到宫殿的二层，我们从经书架下穿过，踩在历经 2000 年岁月洗礼的阿嘎土层上，拉近了我们与雍布拉康的距离，让我们与那段岁月再无间隔，也读懂了雍布拉康的高冷孤傲。

贴士

| 当地习俗禁忌 | 进入宫殿门口之前要取下墨镜和帽子，禁止拍照。

| 交通路线 | 从泽当镇乃东路乘 2 路公交车到雍布拉康站下车，车票 1 元；或选择自驾走泽错公路，行 12 公里即到。

服务

| 名称 | 雍布拉康

| 门票 | 30 元（不分老人小孩一律都 30 元）

| 其他收费 | 在宫殿门口进行烧香祈福，每人 10 元，采取自愿原则。

穿越厚重围墙之下的沧桑
——朗赛林庄园

封建贵族庄园　三十年时间　七层建筑　厚重城墙

落日余晖下的庄园

曾经的贵族庄园，曾经耗时 26 年的修建时间，曾经的奢华享乐，曾经的碉楼、花园、林卡、农场都抵不过时间的轻轻一扫，全部化作落日余晖中的一片残垣，在风中畅想曾经辉煌的前世，慨叹现在的沧桑与落寞。

围墙之下的不可一世

从公路的岔路拐进一条小径，尘土飞扬之后，我们进入那道铁门内。那一瞬间，目光越过层层的围墙才落到那仅剩的一段不高的建筑上。走到最矮的城墙边，目光顺势向前，护城河拱卫着破败的城墙，那低矮的小城墙就是护城河的“守护神”。

沿着护城河的外围走上一圈，才看出这一座城邦的规模。一堵高达 2 米的城墙以霸气的姿态雄踞在护城河内层，层层砖石以整齐密集的形态层层铺开，将里面的神秘建筑完全庇佑在它的臂弯之下。

沿着连接护城河和主城的通道前行，我们走到了高墙之下，里面是那座不可一世的庄园。

帕竹政权时期，这里的封建大地主嫌弃庄园太小，于是另选新址盖起了现在的庄园，光护城河就挖了 5 米深，庄园的主体建筑高达 10 米。牲畜圈、库房、经堂、佛殿、护法殿、主人的起居室等一系列功能都融于

庄园的主楼

残存的雕梁画栋

这座七层的“豪宅”之内。

除奢华的主楼之外，庄园内还有马厩、花园、林卡以及大面积的打青稞场和果园。

时间轻轻扫过后的悲哀

从高墙之下，走进庄园的中心腹地，那座一直犹抱琵琶半遮面的主楼赫然显现。

从踏进围墙之内的第一步起，入目的就是荒草丛生的破败，曾经辉煌一时的主楼经过修复后暂时恢复了曾经奢华的“外壳”，却难以恢复那时的奢华气韵，那个时代彻底地远去了。

现在陪伴着主楼的只剩下岁岁枯荣的野草，如今主楼的内部已经没办法供人“凭吊”那段逝去的历史，暂时完整的外墙在落日余晖的照耀之下仍旧能看出曾经的辉煌之势，残留在柱子上的精美彩绘有幸见证了历史的风云变幻。

当落日投射在楼体和柱子之上时，那一抹暗色调的剪影恰巧投射在院落中残存的马厩上，成为大自然赐予这座“荒园”最好的时刻。时间只是在这些历史遗迹上轻轻扫过，它们就无法承受时间的重负，成为了曾经和过去……

贴士

| 交通路线 | 从泽当向西 22 公里或从县城向东 25.5 公里，向南行驶 7 公里左右后左转即可到达。

服务

| 名称 | 朗赛林庄园

| 门票 | 暂无门票

| 安全提示 | 庄园交由旅游企业开发管理，现修复已完成。

不可一世·沧桑谢幕
——拉加里王宫

拉加里王宫　拉加里法王　封建王族　规模浩大的新宫和旧宫

供贵族生活的白色宫殿和作为宗教活动专用的红色宫殿

拉加里王宫屹立在被风霜雕刻的高大土林之上，仍旧气韵犹存，雄踞于苍穹之下，泰然自若，静观风云变幻，头顶的这片天空回荡着拉加里王宫发出的沧桑回响。

孤独静默地兀立诉说

曾经的王族后裔，曾经五世达赖亲封的“赤钦”，曾经百姓口中与达赖仅仅相差“一块垫子”的距离的封疆大隶，曾经的富贵奢侈，曾经的不可一世……如今都留给这座仍旧屹立于此的宫殿向后人诉说。

当我迈步走上那一片曾经的“王土”，阳光炙烤下的偌大广场近乎干裂荒芜，赫然呈现在眼前。很难想到这看似衰败的广场曾经用白色、青色砾石铺就成各式各样的吉祥图案，让身处宫殿之中的贵族都忍不住驻足。

倾斜的设计，让广场不会存留积水，一旁的马厩和粮仓陪伴着这片历经辉煌后落寞的土地继续诉说着当年的往事。

不论是正面的仰视，抑或是站在宫殿对角线上观看，拉加里王宫的一字一句都隐藏在被岁月无情侵蚀的砖石之中，供后人品读。

沿着狭窄颇陡的楼梯进入那座曾经辉煌的世界，乍然的昏暗让我很难将它与原来不可一世的奢华相联系。

适应了较黑暗的视线之后，穿行于殿堂的立柱之中，被风霜剥蚀

手工作坊

殿堂的大门

宫殿顶层

光影交织中的大厅

的梁柱仍旧向有缘人展示它曾经的荣光，精美的狮子图案在横梁上仍旧清晰可见。

我们摸索着走到一扇大门前，伴着吱嘎的声响，我们推开大门。阳光透过玲珑的阁窗，让原本昏暗的殿堂瞬间交织在光与影的绝美搭配中。

沿着布满灰尘的木质楼梯缓步向上，木梯发出的咚咚声响如同宫殿发出的历史叹息，声声敲击人心。

忽然间视线中现出一抹光，梁柱、围栏、阁窗都沉浸在午后阳光中。每一层殿堂中幸存下来的“化石”都以自己斑驳陈旧的身躯展示着时间流淌后的感慨和轻叹。

站在阳光之外的阴影中，静静观察温暖光线之中的世界，有明亮、有昏暗，更有飘浮在空气之中的细碎尘埃，在交织中的光影中流淌。

千百年的守候·遥望

在昏暗中摸索到王宫的顶层，视线豁然间开朗，站在围墙的旁边，触摸风霜雕刻后的沧桑砖石。之前还晴空万里，霎时狂风大作，王宫上方乌云压境，让人忍不住遥想这片苍穹曾经历的一切。

被岁月侵蚀的土林环绕的废墟之中，毅然屹立着一座孤傲的城堡，同样难逃风霜磨砺的洗礼，颓然而立的高墙仍旧诉说着曾经的辉煌，谁都想不到这里就是拉加里王宫的旧宫。

曾经的奢侈生活，让王宫的后裔们舍弃了旧宫，建立起现在不可一世的新宫。而那片拱卫旧宫的壮阔废墟曾经是为王宫贵族们专门设立的手工作坊，这片专属的奢侈伴随着王朝的倾颓而永久地荒废了，再无曾经的兴旺繁盛。

孤独而立的旧宫与依旧俯仰天地的新宫，似两位饱经沧桑的老人，伴随着这片苍穹的风云变化，将远古的故事永久地讲述下去，只为后人留下历史中曾经浓墨重彩后的轻叹。

贴士

| 交通路线 | 从泽当出发往东南行驶 60 多公里，到达曲松县城即可到达拉加里王宫。

| 安全注意事项 | 整座王宫都没有通电，需要携带手电筒进行参观，参观时注意脚下安全。

服务

| 名称 | 拉加里王宫

| 门票 | 暂无门票

雄踞一方的沧桑坚守
——杰顿珠宗遗址

仿效布达拉宫　依山而建　雄踞山崖　与帕竹政权的战争

远观·壁立千仞

摇晃、颠簸地在洛扎大大小小的群山中翻越，那种壁立千仞的荒凉和壮阔让我不由得敬佩大自然的创意。那一条条天堑成为往来车辆的唯一的通路。即使缓慢地行驶也无法避免身后的“狼烟四起”，沿着峭壁贴壁而行，车的另一侧就是万丈悬崖。

视线在摇晃颠簸中渐渐模糊，而就在拐过陡坡的一刻，气势恢宏的杰顿珠宗古堡乍然现身。棕褐色的古旧砖墙似铜墙铁壁般紧紧包裹着这座孑然自立的古老城堡，坍塌的断壁残垣如老者的臂弯在风霜摧残中颤抖摇晃。

伫立在孤山的峭壁之上，峭壁拱卫着城堡，古堡的砖石也紧紧抓住峭壁的每一寸岩石，峭壁中有古堡，古堡依存着峭壁，形成了宛若天成的“擎天一柱”，好似上达天际，下抵幽谷，颇有贯穿天地的气势。

方形的碉楼外观，有圆柱形的古堡墙体，外墙耸立。

古堡的另一面，从上至下贯穿一处似通道的外墙，穿过了峭壁坚固的墙体，让人不禁联想这绝险的外墙之内到底有着怎样的绝妙构造。

遥想曾经的风云沧桑

我们绕过古堡延伸到路边的层叠之势，小心翼翼地在峭壁对面的山路上找寻通往古堡的绝密路径。

几番探查之下，虽然找到貌似可以通向堡内的小径，但是两侧的绝壁

古堡脆弱的墙体

古堡中的经幡

峭立，不知拥有多大气魄和胆量的勇者才可以挑战，加之岁月风霜的无情侵袭，曾经媲美布达拉宫的气势，如今只剩下断壁残垣。

虽无缘得见古堡内部的神秘和精巧的设计，但是静静伫立在峭壁对面的土路上，仰视古堡的错落沧桑，也可以想象出曾经生活在古堡中的杰顿珠宗的“宗本”统治者是何等霸气地俯仰天地之间，铜墙铁壁是何等威严地拱卫着这方天地。

当帕竹政府的士兵朝着古堡猛烈开火，古堡内的战事焦灼，古堡外的强行决战，都让这座看似屹立于峭壁之上的绝壁古堡成为孤立无援的“历史尘埃”。

如今残破的墙壁，坍塌的城堡和碉楼依旧向来往的人们持续诉说着它往昔的峥嵘岁月，希望懂它的后世之人穿越往昔，读懂曾经的杰顿珠宗古堡。

贴士

| 交通路线 | 从洛扎县城往东南方向行驶大约 4 个多小时到达边巴乡。

| 安全注意事项 | 洛扎县城通往边巴乡沿途路途非常难走，都是非常陡峭艰险的土路，行驶一定要放慢车速。

服务

| 名称 | 洛扎杰顿珠宗遗址

| 门票 | 暂无门票

| 地址 | 洛扎县边巴乡杰麦村西南侧悬崖上

孑然自立·孤独守望
——洛扎古碉楼群

绵延遍布　兀立山中　远离战争后的孤独守望

伫立于山巅的碉楼群

它们孤独矗立，它们绝壁守望，它们穿越风雨的千年洗礼，满身伤痕，记录着逝去岁月的印记，它们就是洛扎古碉楼群。

依然故我·拱卫天地

在洛扎的苍茫山野中翻山越岭，眼前是连绵不绝的群山，或壁立千仞，或刀劈斧砍，或横亘天际……山脉的千张面孔如一卷完整的画轴铺展开来。

长时间行驶在没有人烟的高耸山谷间，一条条形如细线的山路指引着寂寞的行者不断向前……在那一刻，内心似乎被掏空一般，只剩下天、地、人的孑然自立。

深藏在藏南山谷中的洛扎古碉楼群就这样伫立于天地之间，让有幸一观的人驻足仰望。

碉楼群被一片油菜花田环绕，行走其间居然也有了田园诗意。走向碉楼的山路峭壁逼仄，我们小心地穿过油菜花田，慢慢接近那座花海中苍老的碉楼。

碉楼通体棕色，如铜墙铁壁般高耸入云，看似枪炮留下的弹孔仍旧留在碉楼疲惫苍老的身上。

触摸真实·仰望一方苍穹

艰难走在碉楼周围散落的石头上，我们的目光不自觉地顺着碉楼顶部透出的四方形的光线向上。炽热的阳光照在碉楼上方，碉楼里仍寒冷阴暗。

古堡旁的油菜花田

断壁残垣·风骨犹存

阴冷逼仄的碉楼

层叠错落的砖石层

碉楼还保留了小小的阁窗，曾经的阶梯仍旧残存其中，砖石的层叠依旧清晰可见。

抬头仰望整座碉楼，让我不禁遥想在这片苍穹之下，在座座碉楼之中究竟有过多少枪林弹雨，有过多少排兵布阵，有过多少冷枪暗炮。

尽量压抑住呼吸，用双手去触摸和感受砖石的冰冷和尖利，感受着这些在大小战役中历经炮火洗礼却依旧坚挺的磐石。每一块砖石仿佛都在静默诉说，无休无止。

从碉楼坍塌的楼口和小窗里，可以感受到高山之巅卷起的风穿越楼口和小窗，如泣如诉，苍凉悲壮。

走出碉楼的一刻，艳阳依旧，油菜花田向阳生长，一切都回归到当下，一切仿佛都不曾发生。

贴士

| 交通路线 | 在洛扎县境内沿山路随处都可以看到洛扎碉楼，但色乡的碉楼更具观赏性。

| 安全注意事项 | 碉楼都是历史遗存，大部分都有坍塌现象，参观时需要注意人身安全。

服务

| 名称 | 洛扎古碉楼　| 门票 | 暂无门票

| 地址 | 山南市洛扎县

砖瓦中飘荡出历史气息
——杰德秀古镇

阡陌交通　市井相闻　能工巧匠　流传至今的精美邦典

杰德秀古镇

游走在藏地的壮阔河山之中，辽阔盛景常伴旅途，不料却偶遇一片阡陌交通的沧桑古镇——杰德秀。作为藏地的八大古镇之一，杰德秀不似江南古镇的小巧精致，却多了一份雅江赋予的豁然之感。

听古老砖石的诉说

从笔直的柏油马路拐进一个巷口，藏地慢节奏的生活就在面前缓缓开启。

街上有服装小店、肉铺、五金百货店、特色邦典手工店……一家家店铺正闲适自得地开启一天的生活。

由于正值望果节，很多老百姓都选择到附近的郊外过林卡，庆祝青稞丰收，享受一年当中难得的闲暇时光，一同分享劳动丰收带来的喜悦。

古镇之中，很多家小店铺都借着节日闭门谢客，街上却依然熙熙攘攘，人来人往。

曾经尼泊尔、印度的商贾汇聚于此交换物资，时至今日，这座小镇仍然一派繁华。

缓慢行走其间，藏地夏季炽热的阳光毫无保留地照射着古镇。静静站在古镇的某个交叉口，环顾四

古镇旁的顿布曲果寺

在江北公路上飞驰，沿途的雅江沙丘壮阔辽远

沧桑的砖石

晨曦之中静默的古镇小巷

周的古老墙壁，在耀眼的阳光里仰望古镇上空的苍穹，悠远而宁静。

听着家牛的叫声，悠闲地走到古镇中间的土坡上，屹立在古镇绝佳的视野所在，俯瞰眼前这片古镇盛景，规整的几何形态让这座古镇有了不同寻常的视觉体验。

走在看似荒凉的土坡上，西边的油菜花田是古镇最好的陪衬。一旁的顿布曲果寺在古镇和油菜花田的双重映衬下，凸显出自己的恢弘气势，黄、红、白三色的佛殿在阳光的照耀下更显威严。

古镇与湿地的交相辉映

离开土坡，行走在古镇的小巷之间，在偶然间发现的小茶馆里短暂小憩，之后继续悠闲地走到古镇的巷口。

杰德秀有名的氆氇商店开门迎客，围巾、衣帽、藏式的小包层叠摆放，颇具民族风格。

让我们走出小镇，沿着乡间的土路悠闲行走。路两边的芦苇飘荡，浓郁的青草气息随风飘散，水塘清澈，水中的绿植在风中摇曳。

池塘、水洼、各种绿植构成了夏季杰德秀湿地一抹最生机的浓烈的绿色。

不知名的飞鸟偶然飞过，点缀着湿地的灵动。一片青草之上的牛丝毫不受外界的打扰，埋头吃草，怡然过活，生活其实亦可以如此悠闲和简单。

贴士

| 路线推荐 | 从贡嘎县城往东行驶 17 公里可以到达杰德秀古镇，再从古镇往北经过十多分钟便可以到达杰德秀湿地。

| 周边景点推荐 | 从杰德秀湿地向北，走江北公路可以沿途欣赏雅江沙丘、多吉扎寺。

服务

| 名称 | 杰德秀古镇

| 门票 | 杰德秀古镇和杰德秀湿地都暂无门票。

白加日上演丧尸惊魂 光天化日谁敢造次
——白加日古寺遗址

曾经辉煌的古寺 成为名震一时的“僵尸荒城” 偶遇僵尸贴面

在废墟之中依稀可辨的古寺殿堂

走在新铺的柏油马路上，路边突然出现了一片坍塌的废墟，中午阳光炙烤着大地，照射着废墟中的石块，干裂得快要冒烟。

毫不知情地踏上这片废墟，满目断壁残垣，荒草飘摇，整片废墟除了荒凉，只剩下天边的云落下的几片阴影。

突然间一排双层的墙壁跳入视野，35 厘米厚的夹层吸引我近距离观看，发现除了多一层墙之外毫无特别之处，谁知随行的向导静静地说了一句：“两层的墙壁是怕僵尸跑出来，他们要推倒了一层，人们就赶紧在外边再加固一层，这座白加日古寺翻译过来就是用手扒出来的铜墙铁壁的意思。”

顿时，我的头皮就有些发麻，真没想到脚下真真实实踩到的地方曾经是僵尸们“人才辈出”的地方。

随着磕磕绊绊地前行，白加日古寺的盛况逐渐出现在眼前，看着这里的规模，可以想象当时僧众之多、香火之盛。但是几乎所剩无几的断木碎石和一点房檐都让我不自觉地遐想这里曾经发生过的惊悚瞬间，无论是历史还是传说都让后人拍案叫绝。

曾经的故事自有后人去评说

走在古城之中，当然没有什么所谓的“灵异事件”。之所以会出现僵尸的传闻，相传是因为曾经的白加日古寺规模盛大，香火旺盛，吸引了

白加日古寺遗址

一个乞丐在寺院旁边的山洞里久居，寺中僧人轮流给乞丐送吃的。但是某天乞丐突然暴毙山中，寺中因为忙于法会无人知晓，乞丐的尸体经过虫吃鼠咬在一个月圆之夜成为了“暴走僵尸”，寺中僧众皆都被害，曾经的宏大寺院成为了“僵尸之城”。

僵尸们在城里不断地拆墙、挖墙，而墙外面的百姓则奋力砌墙，回想到刚刚看到的那些留存下来的双层墙面，顿时觉得画面极其生动，更觉得后背不自觉发凉。

传说似真非真，为整片废墟遗址增添了无限多的神秘，也令人产生无限多的遐想。

故事的结尾是寺院的活佛只身将所有僵尸引到雅鲁藏布江，将身上的袈裟抛到江面之上，飞身坐到袈裟之上，引得众僵尸们纷纷落入江中，这才消灭了僵尸群。

这样的传说，如果放在今天的电影中，或许可以吸引不少丧尸片爱好者观看。

贴士

| 安全注意事项 | 因为是废墟遗址，所以道路难行，注意脚下安全，避免脚部受伤。

| 路线推荐 | 从加查县城出发往东北方向行驶，在去往坝乡原始森林的方向。

服务

| 名称 | 白加日古寺遗址

| 地址 | 山南市加查县

| 门票 | 暂无门票

天上西藏·藏源山南
THE SOURCE OF TIBET SNOWLAND HERE, SHANNAN

雪域圣水

拜谒神湖拉姆拉措的神圣，欣赏羊卓雍措的蜿蜒壮美，在思金拉措、拿日雍措、普莫雍措的静谧中沉思，在西藏山南进行一场“一措再措”的圣水之旅。

普莫雍措

畅快·放肆驰骋在羊卓雍措
——羊卓雍措

西藏三大圣湖之一　环羊湖自驾　蜿蜒壮阔　放肆驰骋

静·镜·净

不同于纳木措的开阔辽远、玛旁雍措的静默，羊卓雍措更加婉转瑰丽。蜿蜒于高山之间的圣湖，徜徉在高山脚下，一马平川地展现雪域高原赋予她的绝美地形。

放肆飞驰　义无反顾

或壮阔，或辽远，或迤逦，或波澜不惊，壮阔的雪域高原赋予了羊湖太多的瑰丽。环绕羊湖，驰骋在公路上，才能体会最放肆、最撒野的羊湖。

摇下车窗，任驰骋的劲风穿透身体的每个细胞，轻松自在。飞驰，洒脱……宽阔的湖面，如幽蓝的镜面，明艳的阳光普照湖面，泛出耀眼的金光。

蜿蜒的圣湖幻化成炫目的蓝色缎带，蜿蜒流淌在高山伟岸的身躯之下，婀娜瑰丽。山势的自然曲线成就了羊湖天然的柔美。

翻山越岭后，短暂地告别那片深邃的蔚蓝，噶玛琳草原辽远壮阔，生机勃勃。继续前行，前往最近的湖面，优雅的弧线成了此时此刻视野中最特别的存在。

当视觉稍感疲惫，忽然出现的宁静闲适的小村落让环湖的旅途多了难得的人文之美。

静默伫立　咫尺相望

虽为圣湖，羊湖仍旧以平易近人的姿态迎接着往来的信徒，迎接着来来往往的有缘人。在低矮的观景台之

放肆穿行·沿湖自驾·嘎玛琳草原

穿越一抹浓绿奔向最辽阔的蓝

通往无尽的深邃

缥缈·无限

上，湖水澄净通透，流淌在高山前，微风浮动带起柔美的涟漪，飘飘荡荡。

有幸站在湖边，远观的澄净湛蓝此时更加清澈通明，好似那深邃的幽蓝被微风层层滤净，只剩那纯净的透明映衬着白云的倒影，干净得让人不忍触碰。

我们站在山巅，耳畔风声鼓鼓作响，羊湖又给了人们极强的距离感和神圣感，回归了圣湖原本的悠远壮阔。

沿着山巅处面积不大的山坡顺势往下，在绝佳的高度俯瞰此时的羊湖。只见山峦层叠，云海奔腾，苍穹映衬下的羊湖依靠山势的壮阔，为湖面勾勒出最自然的曲线和最完美的弧度。

那深邃的蓝成为浓烈剔透的宝石蓝，让人神往驻足。劲风烈烈的山坡上此刻静默伫立着众多的朝圣者或是沿途虔诚而来的旅人，此刻羊湖的美需要人们虔诚拜谒。

在劲风中沿山而下，继续驰骋飞驰，羊卓雍措的美依旧犹抱琵琶半遮面，时而宽广野性，时而安静柔美，时而又短暂地消失不见，让人无法参透她的瑰丽和美。

日落之时，和暖的阳光温柔洒下，在与湖面平行的公路上，阳光赐予湖面最圣洁的落日余晖，成为照耀面庞的真实的温度。

朝拜者们伸出手掌，让阳光从指缝中洒下，那一刻的静默美好使羊湖有了别样的魅力。

湖水在落日中从湛蓝的清澈变为浓厚的深蓝。在日出日落间，羊卓雍措始终故我。

“或**壮阔**，或**辽远**，或**迤逦**，或**波澜不惊**，亦或站在湖边看着她**随风舞动**，壮阔的雪域高原赋予了**羊湖**太多的可能和**太多的瑰丽**”

贴士

| 安全注意事项 | 环羊湖自驾请控制车速，安全驾驶。

| 最佳旅游方式 | 羊湖现在推出环羊湖自驾：外环线路绕羊湖外围自驾，需要 4 个小时车程，280 公里；内环线路走羊湖内围，需要 2 个小时车程，150 公里。

服务

| 名称 | 羊卓雍措

| 地址 | 横跨山南市浪卡子县和贡嘎县

| 门票 | 在通往贡嘎县途中，有一处高山之上的观景台，需缴纳门票 40 元。

遇见未知雅江 找寻无可复制的惊鸿一瞥
——雅鲁藏布江

看过雅江的惊涛骇浪和波澜不惊 但还是会遇见他未知的一面

深秋的雅江黄叶

"人生就像一条大河，时而宁静时而疯狂"，当我真的站在雅鲁藏布江边，脑海中不自觉就浮现出这句歌词，所有经历过的顺境逆境似乎都在雅江面前变得微不足道。

雅江的平淡不惊，暗流涌动以及无法预知的波涛汹涌，都如人生一般，让人无法揣测。

一面之缘 惊鸿一瞥

低云映衬下的高山，斑斑驳驳都是云彩的影子，而高山脚下的雅江在云遮云掩中义无反顾地向前奔腾，没有一丝迟疑。

在江边的垂柳下静默遐想，若真的能够如江水般执着地前行，不用患得患失，那人生又该达到怎样的境地呢？

在江水声的陪伴之下，心中的豁达不自觉就增添了几分。待到日落时分，原本阴沉的天空霎时间从云层中裂开一道缝隙，一缕传说中的"神秘光"给了天空最美的色调，那一抹好似"炸裂"开来的日落天光给了我一种莫名的希望和感动。

顺着光束纵览西边的江面，只见云蒸雾蔼，水汽飘散，似江南的烟雨空濛，却更加大气磅礴，这是天光一现恩赐给我的震撼和感动。

撕裂开的落日余晖晕染开来，让湛蓝天空多了瑰丽的亮色，只是一刹那就消声觅迹，归于平静，这短暂的惊鸿一瞥无可复制，独一无二。

雅江边上的贡嘎机场

雅江边的众多群山此刻像是被打上了无数的“追光”，光影交错

雅江宽谷一片苍茫与空旷

马上要破茧而出的夕阳

感悟——遇见未知的自己

当天光云影共一色的短暂一瞬归于平静，我安静地坐在树下，刚才的静默是对自然恩赐的一种致敬。也许我没有期待能够看到这样一次一生难得的日落，但是在不经意间欣赏到的绝美景致，仍让我感动不已。

人生如此，或功成名就，或一文不值，经历过后都会归于平淡，都会有自己的走向。不论是壮志凌云，还是颓然失望，都感谢这些曾经经历的、拥有的、失去的，感谢遇见曾经的自己，期待遇见未知的自己。

贴士

| 安全注意事项 | 在雅江边欣赏落日，因为土石松软，注意人身安全，小心落水危险。

| 交通路线 | 在乃东区周边自驾，沿公路寻找可以近距离接近江边的地方都可作为观赏雅江的地点。

服务

| 名称 | 雅鲁藏布江

| 最佳观赏点 | 从山南市乃东区出发，在县周边都可以轻松找到观赏雅江的地点，可以下到江边的沙滩，也可以在高处眺望欣赏。

相望与凝视 一思一世界
——思金拉措

财神湖 墨竹思金龙王 求财神保佑

只有在调色盘中才能找到的湖蓝色

邂逅思金拉措，有了一些偶然的况味。当我的眼界适应了藏地的高山峡谷、绿毯般的草甸上牛羊们的慢生活后，在海拔4500米的草甸之上，一湾湖水像一位智者安静地恭候有缘人的到来。

思金拉措千百年来就这样处变不惊，豁达于世。

近在咫尺的凝望

从草甸缓坡处渐渐靠近湖边，要经过众多坚硬磐石散布的地带。遥望远处，玛尼石堆上的哈达迎风烈烈飘扬，心灵不自觉又沉静了几分。

当我靠近湖边，双手捧起一些湖水，用手轻轻将湖水拍打在头顶，冰凉的湖水接触头皮时让人忍不住打了个激灵，似乎真的收到了某种神的旨意。

双腿盘坐在湖边，遥想藏族同胞们口中的传说，似乎可以想象当年莲花生大师在此打败鲁墨竹思金龙王，让其守护在此，保佑百姓生活兴旺发达的场景。

高山之巅的相视

站在山巅之上俯瞰思金拉措，风成了湖水最好的守护神。湖边的微风在山顶变成势头强劲的呼啸之神，似乎脚下生根也不足以抵挡风的威力。风声在耳边咆哮，让我对湖水的壮阔气势更加心生敬畏，感受到自己的微不足道。脚下各种不知名的野花都朝着湖边的方向倔强地生长着，也许再渺小的个体都有自己永不言败的生命意义。

湖边的玛尼石堆

看似“路途坎坷”的湖边

鲜活的生命色彩

一段传说成就一湖神奇

站在山顶，还能够远观湖中的一块绿荫草坪，这便是藏民传说中的“蛇舌草坪”。

传说莲花生大师为了让赤松德赞顺利找到墨竹思金龙王，于是赶往桑耶寺为佛像镀金。途中，莲花生大师施法降服了毒蛇，并割下蛇舌，扔进湖中，幻化出一块坐垫。赤松德赞坐在这坐垫之上，思金拉措就降下了大量金币。

直到今天桑耶寺仍旧沿袭着每年烧香祭拜思金拉措的习俗。藏历每年的六月十五日，历代达赖、班禅及直贡寺的活佛都要来到湖边朝圣，祭拜，祈求风调雨顺。每年藏历的四月、六月，很多信众都会来此进行转湖，并投掷钱币，祈求生活顺遂。

这一美丽的传说，让今天的蛇舌草坪增添了思金拉措的神秘之感，听着这传说，耳畔的烈烈山风仿佛也正在向我诉说着湖水的前世今生。

不论是山顶亦或是湖边，在思金拉措的怀抱之中，每个人都有专属于自己的精神世界，可以放空思想，也可以畅想自己的快意人生，正所谓一思一世界。

贴士

| 交通路线 | 路线一：从拉萨出发往林芝方向，经墨竹工卡县日多乡从 318 国道进入 5 公里。

路线二：从桑日县城出发，往 318 国道方向，思金拉措就位于桑日县增期乡境内。

| 安全注意事项 | 从山顶俯瞰湖水，风非常大，注意保暖和防风。

| 周边食宿推荐 | 在去往思金拉措的途中有一家“真措牧家乐”，在牧民的帐篷里，可以亲口品尝到热乎乎的牦牛奶、藏家甜茶、牦牛肉丁汤，还可以自带帐篷进行露营。

服务

| 名称 | 思金拉措　　| 门票 | 暂无门票　　| 地址 | 山南市桑日县

义无反顾扎向壮阔的蔚蓝
——普莫雍措

摆脱了羊卓雍措的“阴影” 独立成“海” 辽远壮阔的蔚蓝深邃

悠远·壮阔

藏地的每寸天地、每寸湖水、每块苍穹都能在人们最想逃离生活的时候给予心灵最大的慰藉和启迪，这次我们就义无反顾地扎向那片壮阔的蔚蓝——普莫雍措。

平凡之路的感动

放肆地前行，毫无顾忌地让劲风肆意吹动面颊，阳光肆意洒下，却感受不到温暖。原本炎热的夏季在藏地的广阔苍穹之下完全变换了面孔，只能在广袤无垠的土地上驰骋时感受到微凉的夏风。

空旷、辽阔、无边无垠都不足以形容这片天地的包容。长时间的狂奔，路上的自然野性魅力在持续减退，出现了短暂的视觉疲劳。

忽然间阴云骤聚，没有任何预兆，霎时间乌云任意挥洒下“冰渣雨”。

毫无畏惧地继续前进，将那庞大的“黑手”甩在身后，惊奇地发现前方艳阳高照，而身后的铅黑色天空却仍在紧锣密鼓地集聚，夹在东边日出西边雨的两重天地之间，感觉奇妙而且珍贵难得。

伫立·静默·放空

持续地蜿蜒上行，柏油路与起伏连绵的山势完美融合，成为穿行在群山之间的墨色缎带。

我们爬到海拔 5400 米的山巅，陡然间开始下坡滑行，这神奇的山势带给我们一场刺激的旅途体验。

长久相伴·久存天地

云卷云舒·苍穹之间

虔诚·祈祷

静谧·守护

下行时，那一片蔚蓝壮阔的蓝毫无掩饰、毫无保留地呈现在眼前，那似无边际的壮阔让我内心瞬间被掏空，再无杂念。

纯正的湖蓝色毫无瑕疵，毫无杂色，似用最深邃的面孔与头顶的苍穹对视。

库拉岗日峰延绵万里，如慈母的手臂围绕着普莫雍措，温柔又壮美。曾经这片壮美一直处于羊卓雍措蜿蜒的身躯之下，待到她孑然自立，便再也不肯安静地臣服在羊湖的盛名之下，于是挣脱而出。

静默伫立在海边，凝视眼前的蓝，深深记住这片纯粹的颜色，仅仅用耳朵聆听来自湖水的涛声阵阵，深深呼吸湖水的气息，没有咸咸的海洋味道，只有清凉的湖水气息和山间飘过的绿草气息，是拱卫湖水的库拉岗日峰融化雪水的纯净气息。

远望湖水，草甸延伸向湖岸，更有碎石裸露浅滩。天地、山湖……穿梭山路间，此刻再无需多言，醉心融化在这亦狂野亦静谧的藏地天地，头脑放空，内心无限辽阔……

沿着蔚蓝的起伏曲线继续前行，湖水成为此时视野中最纯真的定格。我们在路的拐弯处邂逅了湖边的另一抹亮色。红顶、白色的寺院墙壁融进深邃的蓝色，成为让人不愿靠近、不想破坏的静心之美。

虽不曾听到有悠远的梵音缭绕，我们却在最美的湛蓝天空之下将这绝美的湖寺相依的风景深深印记，宁静的“推村”世代和谐地生活在此，长长久久陪伴着那片蔚蓝。

贴士

| 交通路线 | 从浪卡县城往南行驶大约 2 个多小时到普莫雍措。

| 周边食宿推荐 | 在普莫雍措湖边坐落着一个小村落“推村”，可以在小村中简单吃些食物。

| 周边景点推荐 | 在普莫雍措的湖中拥有一片世外的鸟岛，极少被人打扰，如果有机会可以自带橡皮艇上岛一观，但请保护鸟岛的生态环境，爱护鸟类。

服务

| 名称 | 普莫雍措　　| 门票 | 暂无门票

有缘·相望 无缘·遥想
——拉姆拉措

相望于山脚　净化在山顶　看透尘世中所谓的前世今生

镶嵌在八瓣莲花山口的拉姆拉措

不论时空如何转换，时间如何消逝，那朵八瓣莲花盛开之下的拉姆拉措始终如一地迎接寒来暑往。少有湖水能在如此小巧静默之中透着神秘和令人敬畏的遐想。

一路净化 通向心中的朝圣

通往拉姆拉措的路上我最先遇到的是除去我身上凡尘的灵秀之地——崔久沟。

那一条通往神湖的朝圣之路像一段秘径通向沟谷的遥远深处，一座巍然屹立的大门恭维着这条秘径之路，原先信众们徒步前去拜祭神湖，途经到此地都会在门口焚烧青稞祈福。走在其中，看着云带似有生命一般穿行在青山之间，绿白相间，偶遇的阴云密布让那一片的青翠霎时间变幻成中国水墨画中的浓墨淡彩，深呼一口气，仿佛自己置身在江南。

如果时间充裕，有机会去山中的长寿泉亲口品尝一下八大功德水，亲自拜祭一下班丹拉姆的酒窖，这位掌管生死的护法神不知道用何种“神水”酿出了供奉琼果杰寺大德高僧的美酒佳酿。

通往领会顿悟的最后三百米

耳畔伴着高山融水的清脆水声，通向与拉姆拉措的“神遇”。看似平

云卷云舒·苍穹之间

长久相伴·久存天地

淡的高山之行，在下车的一瞬间，八瓣莲花状的高山给了我最牛的“下马威”，兀自屹立于海拔 5080 米的高度之上，俯瞰众生，让早已摆脱高反的人们又开始头疼发作。

山脚之下，一座早就被无数条哈达包裹住的宝座就是“传说中”达赖和班禅寻找转世灵童的宝座之一。遥想高山之下，达赖、班禅端坐于宝座之上，庄严肃穆的“开场”仪式过后，由执杖大喇嘛诵经开道，无数随从信众一路诵经跟随。通向 5300 米山顶多的最后三百多米，成为僧众信众至高无上信仰的开端。

同样的三百多米，伴着耳边沉重的喘息声，我走向心中的圣地。当我来到山顶的一瞬才发现必须走到莲花瓣形状的山边沿才能看到神湖的全貌。

八瓣莲花拱卫着那一抹庄重的蓝，山与云都映照在镜面一般的湖面之上。

山顶之上“人生”的凝望

被洁白哈达和五彩经幡包裹的山崖之上，一边远眺班丹拉姆的心脏，另一边的神湖温婉随和无以复加，让众多的信众在湖边跪拜静观，希望在湖边看到“前世今生”。

当他们或感动或虔诚地泪流满面之时，他们与拉姆拉措的缘分就定了。

而更多的人们也许只是来到湖边，遥望着湖面，畅想一下自己的人生之路。

山顶的俯瞰让人们在高山之上敬畏着那一弯湖水，转换路径沿着碎石铺就的山路，颠簸着翻越岗泽拉山，再经过半个小时的徒步，我成功地与神湖进行了一场“神交”。

没有了高山之上的距离感，那一弯静谧的墨绿离我太近，近到我都不敢大声地呼吸，似乎怕惊扰起湖面的涟漪。可当我不经意间发出一声呼喊时，冰雹忽然从天而降，莫非是印证了拉姆拉措的那个“神话”——千万不能在神湖之地大声喧哗。

冰渣落在手心里非常冰冷，让我只能空张着嘴巴不敢再出声。

不知这一片神奇的天空、湖水、神山到底蕴藏着多少我们无法预料到的神奇，虽然无缘看到我的“前世今生”，但这次的神遇会深深烙印在脑海中。

贴士

| 安全提示 | 从湖底观赏拉姆拉措，徒步途中会遇到一片黄色或粉色的毒金花，毒金花的气味含有微毒性，不可在此长时间停留。

| 交通路线 | 从加查县城向北出发，走朗加路，经崔久沟到达拉姆拉措。

服务

| 名称 | 拉姆拉措　　| 门票 | 50 元（注：途经崔久沟，不收取门票）

旅游服务设施情况

星级饭店

西藏泽当饭店

四星级 ★★★★

| 地　　址 | 西藏山南市乃东区泽当镇乃东路 19 号
| 网　　址 | www.tsedanghotel.com
| 邮　　编 | 856000
| 预定电话 | 0893—7825555 /7821899
| 传　　真 | 0893—7821855

雅砻河大酒店

四星级 ★★★★

| 地　　址 | 西藏山南市乃东区泽当镇湖北大道 18 号
| 网　　址 | www.tsedanghotel.com
| 邮　　编 | 856000
| 预定电话 | 0893—7800383

龙马宾馆

三星级 ★★★

| 地　　址 | 西藏山南市乃东区泽当镇萨热路 5 号
| 预定电话 | 0893-7835388/7835399
| 预定手机 | 18989938662

星级饭店

蓝天商务大厦

三星级 ★★★

| 地　　址 | 西藏山南市乃东区泽当镇三湘大道
| 预定电话 | 0893—7510000/7516666

山南宾馆

二星级 ★★

| 地　　址 | 西藏山南市乃东区泽当镇湖南路 19 号
| 预定电话 | 0893—7826168

邮政大酒店

二星级 ★★

| 地　　址 | 西藏山南市乃东区泽当镇乃东路 12 号
| 预定电话 | 0893—7821555

旅行社

西藏山南中国国际旅行社

| 地　　址 | 西藏拉萨市北京西路 6 号
| 预定电话 | 0891-6829364 / 6834324
| 传　　真 | 0891-6832603 / 6832346

西藏藏源旅行社

| 地　　址 | 西藏山南市乃东区泽当镇湖南大道中段一号
| 预定电话 | 0893-7516888
| 预定手机 | 13648989282

西藏房车旅行社有限公司

| 地　　址 | 西藏山南市乃东区泽当镇贡布路 7 号
| 预定手机 | 13908930717

青朴修行地

西藏山南市

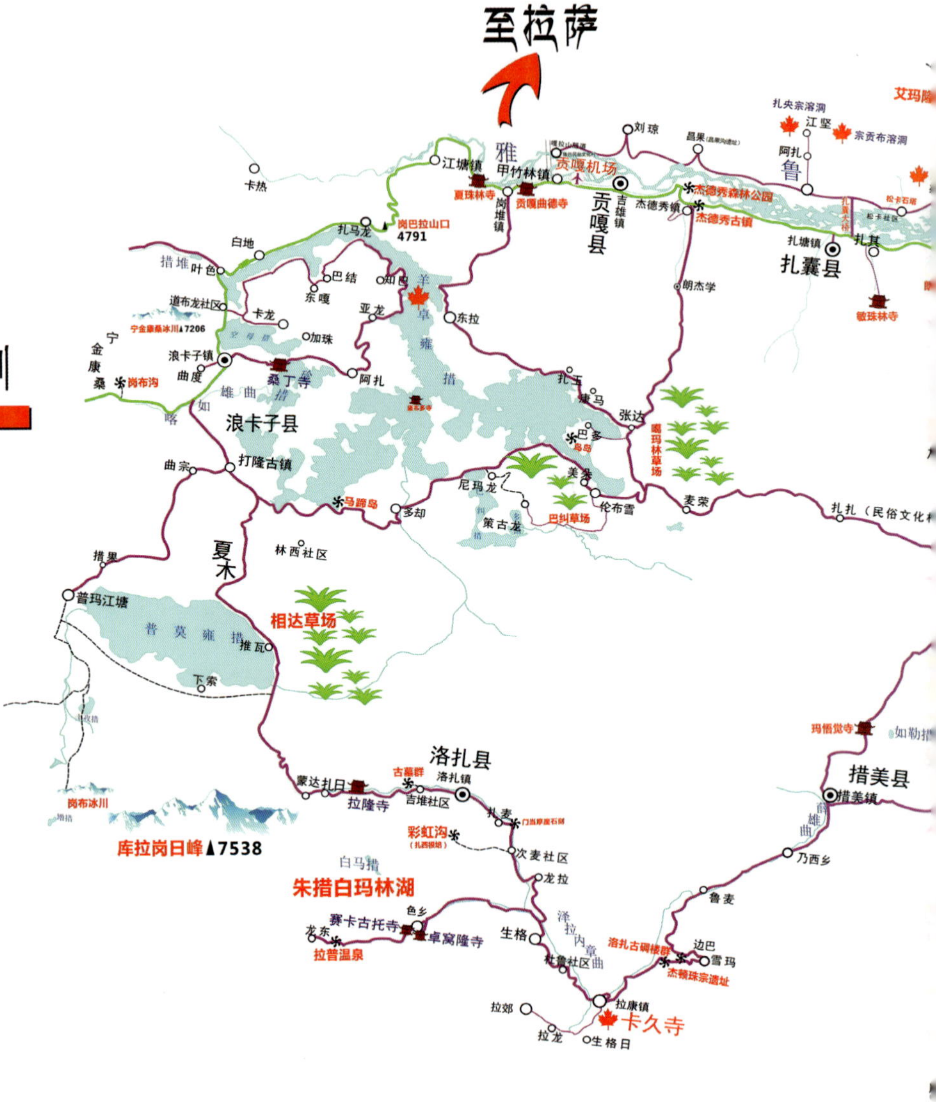

比例尺　1 : 400 000

千米4　0　4　8　12　16　20千米

图上1厘米等于实地距离4千米

旅游线路图

批准审图号：藏S（2015）013号

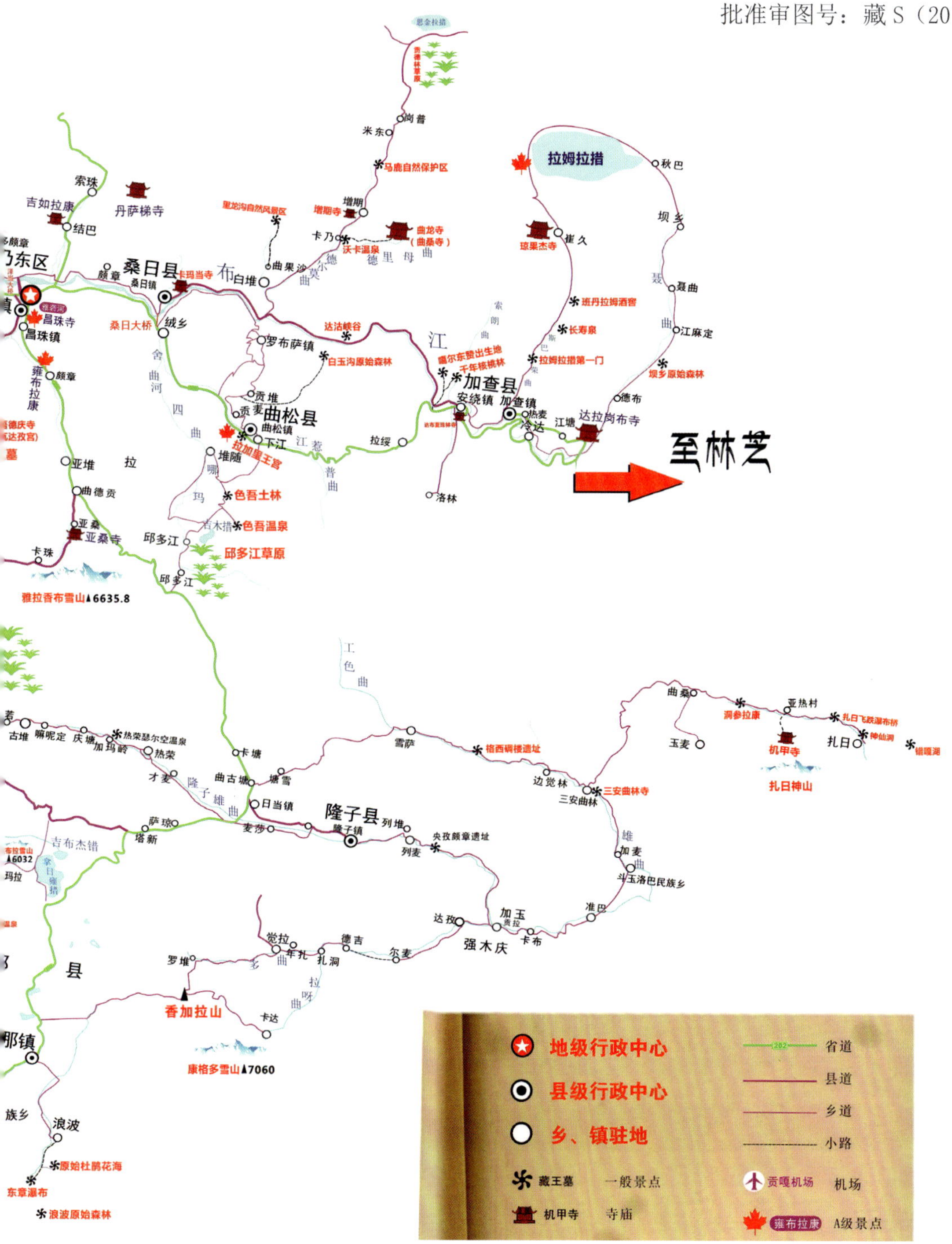

藏中旅游东环线

藏中旅游东环线由山南、拉萨、林芝三地市构成西藏旅游“金三角”，集神奇西藏的雪山冰川、寺院古堡、神山圣湖、高山峡谷、草原森林等旅游资源于一体。东环线不但让游客不走“回头路”，更能让游客花最少的时间饱览西藏美丽自然与古老人文的魅力。

羊卓雍措　摄影：许伟华

D1. 乘飞机到贡嘎机场，游览雅江观景台，住泽当。

雅鲁藏布江　摄影：曹中阳

D2. 游览昌珠古镇、雍布拉康、桑耶寺，住泽当。

雍布拉康　摄影：许涛涛

D3．乘车观赏达沽峡谷、猕猴生态区，游览神湖拉姆拉措、崔九沟，住加查。

拉姆拉措　摄影：许伟华

D4．游览南伊沟，住巴宜镇。

D5．乘车观赏尼洋河风光、中流砥柱，游览巴松措，住拉萨。

D6．游览布达拉宫、大昭寺、八角街，住拉萨。

D7．返程。

边境休闲养生之旅

仓央嘉措故里勒布沟位于生态边陲门隅地区。这里地势险要，相比西藏大多地方海拔直降 2000 米，是当时西藏对印自卫反击战打响第一枪的地方，是离拉萨最近的“天然氧吧”。勒布沟是严格保护开发的处女地，有雪山冰川、原始森林、流泉飞瀑，其负氧离子浓度每立方厘米高达 2000 多个。在这里可以真正体会到美丽西藏的“碧水蓝天、青山绿地”。

勒布沟百花滩　摄影：曹中阳

D1．乘飞机到贡嘎机场，在拉萨城区休息适应，住拉萨。

D2．游览布达拉宫、大昭寺、八角街，住拉萨。

D3．赴羊卓雍措，游览岗巴拉山顶、湖边观景台、羊湖草场，在雅江观景台拍雅江夕阳，住泽当。

羊卓雍措　摄影：牛学

D4. 赴勒布沟，游览拿日雍措、曲卓木千年沙棘林、百花滩景观台、对印反击战遗址，住麻麻乡门巴民族新村。

曲卓木千年沙棘林　摄影：向进福

D5. 登高看麻麻乡门巴民族新村峡谷地貌，游览森木扎景区、野狼谷原始森林或仓央嘉措行宫，住麻麻乡门巴民族新村。

森木扎景区一瞥　摄影：曹中阳

D6. 返回泽当，沿途游览娘巴措湿地、贡布拉雪山，住泽当。

贡布拉雪山　摄影：牛学

D7. 返程。

藏源寻根之旅

山南素有“藏民族之宗、藏文化之源”的美称，有西藏人文景观的众多第一，是开启“寻根”之旅的藏源圣地，拉萨、山南旅游一体化是开启“寻根”之旅的完美结合。

D1．乘飞机到贡嘎机场，在拉萨城区休息适应，住拉萨。

雍布拉康　摄影：金少军

D2．游览布达拉宫、大昭寺、八角街，住拉萨。

雅鲁藏布江　摄影：卢现艺

D3．赴羊卓雍措，游览岗巴拉山顶、湖边观景台、羊湖草场，住泽当。

D4. 游览雅江旅游观光带（雅江观景台、桑耶寺、青朴修行地等景点），住泽当。

青朴修行地　摄影：许伟华

D5.游览琼结景区（藏王墓、五世达赖故居、达娃卓玛故居等景点），远眺雅拉香布雪山，游览哲古草原，住泽当。

哲古草原　摄影：牛学

D6. 游览昌珠古镇、克松村、雍布拉康，住泽当。

雍布拉康一角　摄影：向进福

D7. 返程。

藏南最美自驾游线路

山南市位于西藏南部，与印度、不丹两国接壤。穿越山南边境地带的南环线，时而在古木与竹林相间的神秘原始森林中穿行，时而在峡谷险峰中行走，曲曲折折的山路串着神山圣湖、寺院古堡、雪山冰川、流泉飞瀑，一路风光无限。浪卡子县、洛扎和错那等边境县始终保持着雪域净土原始的纯朴与圣洁，萨玛酒歌、洛巴服饰等淳朴厚重的人文风情在雪域高原更独具特色。

打拉日雪山　摄影：卢现艺

D1. 从拉萨出发，赴羊卓雍措，游览岗巴拉山顶、湖边观景台、羊湖草场等景点，乘车观赏打隆古宗遗址、普姆雍措、库拉岗日雪山，住洛扎镇。

羊卓雍措　摄影：许伟华

D2. 游览洛卓窝隆寺、赛卡古托寺，住拉康镇。

普姆雍措　摄影：梁达明

D3. 看卡久寺云海，穿越洛扎大峡谷，途中观赏杰顿珠宗遗址、洛扎古碉楼群、打拉日雪山，游览哲古草原，住隆子镇。

洛扎古碉楼群　摄影：许伟华

D4. 游览对印自卫反击战遗址、森木扎景区，登高看麻麻乡门巴民族新村峡谷地貌，住麻麻乡门巴民族新村。

森木扎　摄影：卢现艺

D5. 乘车观赏（或游览）娘巴措湿地、贡布拉雪山、拿日雍措，住泽当。

贡布拉雪山　摄影：卢现艺

D6．游览雍布拉康，乘车观赏雅江宽谷风光、桑耶寺，住拉萨。

雍布拉康　摄影：金少军

D7．返程。

山南拉萨小环线 2 日游

D1. 从拉萨出发，游览思金拉措、贡德林草原、沃卡温泉，住泽当。

思金拉措

D2. 从泽当出发，游览琼结景区、羊卓雍措，返回拉萨。

羊卓雍措　摄影：许伟华

山南市周边 3 日游

D1．游览昌珠古镇、西藏民主改革第一村克松村、雍布拉康、雅江观景台、敏珠林寺，住泽当。

雍布拉康　摄影：卢现艺

D2．游览琼结景区（藏王墓、五世达赖故居、达娃卓玛故居等景点）、哲古草原，远眺雅拉香布雪山，住泽当。

藏王墓　摄影：许伟华

D3．游览桑耶寺、青朴沟，住泽当。

桑耶寺